Silencia tu mente, enciende tu corazón

Prácticos
Vivir Mejor

Maestro Lobsang Zopa

Silencia tu mente, enciende tu corazón

Guía espiritual para transformar tu vida

Planeta

Avda. Diagonal, 662-664, 08034 Barcelona (España)
www.planetadelibros.com
Iconografía: Grupo Planeta

Diseño de interior y maquetación: © J. Mauricio Restrepo

Adaptación de la cubierta: Booket / Área Editorial Grupo Planeta
Fotografía de la cubierta: © Panuwat Kanisarn / Shutterstock
Primera edición en Colección Booket: enero de 2024

Depósito legal: B. 19.228-2023
ISBN: 978-84-08-28280-8
Impresión y encuadernación: QP Print
Printed in Spain - Impreso en España

Biografía

Maestro Lobsang Zopa (Manuel Blanes, Granada, 1956) es arquitecto técnico por la Universidad de Granada. En 2005, cuando era el director de seguridad en una gran obra de viviendas, su horizonte dio un giro radical: la muerte de uno de sus trabajadores le hizo replantearse la vida y convertirse en monje budista, condición que ha mantenido durante diecisiete años (2006-2023). Ordenado por su santidad el decimocuarto dalái lama en Dharamsala, Zopa es hoy todo un referente internacional del budismo. Discípulo también de lama Zopa Rinpoché y de Geshe Lobsang Jamphel, su maestro raíz, es igualmente un maestro reconocido por la Fundación para la Preservación del Budismo Mahayana y máster en *Mindfulness* en el contexto de salud e investigación por la UCM. Durante catorce años residió en el monasterio de Nalanda y desde hace más de doce imparte cursos y retiros de *mindfulness*, calma mental y vipassana.

www.zopa.es

@maestrozopa

ÍNDICE

Dedico especialmente este libro
a las tres personas más importantes de mi vida.
A la memoria de mi madre, María,
que me dio la primera y la última lección
para tener el corazón siempre abierto a los demás.
Y a mis dos hijos. Manuel y Alejandro,
dos seres con las cualidades humanas más increíbles,
dos hombres hechos a sí mismos
y de los que me siento inmensamente orgulloso.

PRÓLOGO

QUERER SANAR PARA PODER VIVIR

TODO EMPEZÓ UNA TARDE DE OTOÑO DE 2010. Mis tripas comenzaron a moverse de manera arrítmica durante varios días y tuve la sensación de que luchaban contra algo que intentaban expulsar. El segundo día de movimientos peristálticos descontrolados, palpé mi abdomen y me encontré con algo que ya había soñado meses atrás. En la zona inferior derecha de mi vientre se intuía una masa redondeada y móvil. En ese momento me temí lo peor.

Desde hacía varios meses me sentía cansada, con poca energía y triste sin entender el porqué. Todo estaba bien en mi vida: era madre de un alegre y divertido niño de tres años, acababa de incorporarme a mi plaza como médica estatutaria en el servicio de salud de mi comunidad, y donde yo quería, en un sitio idílico en la sierra de Granada. Tampoco tenía problemas económicos, ni familiares. Aparentemente, nada perturbaba mi felicidad, pero yo no estaba bien. En varias ocasiones, un dolor punzante en el abdomen había interrumpido mi sueño. Semanas antes de palpar el tumor soñé que tenía cáncer. El día que lo palpé por primera vez, todo encajó. Entendí la debilidad y la tristeza que sentía y, sin necesidad de ninguna prueba más, supe que estaba enferma.

Durante los siguientes días me sometí a varias pruebas que confirmaron lo que yo ya intuía. Tenía treinta y dos años y un cáncer de ovario. Mi mundo se tambaleó. La sensación de inmortalidad, de la que me creía poseedora en aquella época, desapareció de repente. Por primera vez me sentía vulnerable y consciente de que nuestra vida es limitada. **En un instante todo puede cambiar, y eso me ocurrió a mí. De la noche a la mañana me encontré al borde del abismo.** Recuerdo que, tras el diagnóstico, no dejaba de temblar, parecía una gelatina. Me sentía frágil, a punto de desmoronarme en cualquier momento. Tenía miedo, mucho miedo, miedo al dolor, miedo al sufrimiento, miedo a la muerte.

Los médicos fueron claros: debía someterme a una tumorectomía, la cirugía para extirpar el tumor, que programaron de inmediato. A las pocas semanas estaba recuperándome de la intervención porque, en un principio, me dieron buenas noticias. El tumor resultó ser un carcinoma de células transicionales del ovario encapsulado y, por lo visto, no había restos de tumor en el peritóneo, que es el primer sitio donde suelen migrar las células tumorales de ovario cuando se diseminan. En la operación salvaron el ovario derecho y el útero, pues el cáncer parecía localizado y yo era una mujer joven. Sin embargo, desde la intervención hasta que conocimos los resultados de la biopsia pasaron tres semanas. Fueron los veintiún días más angustiosos de mi vida. Recuerdo que aquellos días lloré hasta no dejar ni una lágrima dentro de mí. Aquellos días abrazaba a mi hijo y le decía: «Lo siento, te he fallado, no voy a poder acompañarte en el camino de vida que acabas de iniciar». Pero mi hijo me secaba las lágrimas y me respondía: «Mamá, no vas a morir». Cuando le miraba, las puñaladas se clavaban en mi estómago al pensar que, si en unos meses fallecía, él me olvidaría pronto. Era demasiado pequeño para poder recordarme durante mucho tiempo. Además, me creía imprescindible para él, estaba convencida de que no sobreviviría sin su madre. Sin mí.

Durante aquellos días tan grises me hundí en una espiral de miedo, desesperanza y angustia. Sentía que, aunque me habían extirpado el tumor y la biopsia aseguraba que, macroscópicamente, todo estaba limpio de células tumorales, yo no estaba bien. Notaba que el tumor seguía creciendo dentro de mí.

Cuando la patóloga me dijo que el tumor estaba encapsulado, tuve un subidón de alegría, porque, aunque yo sentía que no era así, ella afirmaba que sí, que tenía una cápsula intacta que lo envolvía y no había podido expandirse. Le pedí verlo; sí, como lo lees, le pedí que por favor me enseñara mi tumor, quería conocerlo y despedirme de él. Fue impactante. Vi un balón de once centímetros de tono sonrosado y grisáceo con algunas abolladuras, pero rodeado de una fina cápsula que lo envolvía en su totalidad. Le dije adiós, pero aún consciente de que no había desaparecido totalmente de mí. Eso me decía mi mente.

Al día siguiente de hablar con la patóloga tuve cita con el oncólogo. Debíamos decidir si debía hacer quimioterapia o no, pero esa misma noche algo cambió. Noté pinchazos y escozor en la vulva. Me palpé y descubrí más de veinte masas en la zona. Entonces, un mal presentimiento se apoderó de mí, metástasis del tumor, pensé. Las metástasis en vulva y vagina son excepcionales en el cáncer de ovario, pero yo ya intuía que mi caso iba a ser excepcional. De nuevo, me sometí a más pruebas que vinieron a confirmar las peores sospechas. El resultado: metástasis en vulva, vagina, hueso sacro y cinco nódulos repartidos entre ambos pulmones. **Había pasado de un cáncer en estadio I a IV en tan solo veinticuatro horas, había pasado de un caso curable a incurable, de la vida a la muerte. Me desmoroné y lo di todo por perdido.** En ese instante abandoné a mi cuerpo y aquellos días no tenía fuerzas ni para levantarme del sofá. Caí en la más profunda desesperación. Consciente de que en pocos meses moriría, grabé un vídeo de despedida para mi hijo. Quería que supiera que había sido la persona a la que más había amado, que le adoraba, pero tenía que abandonarle. Le pedí que me recordase, que guardase en su memoria las tardes de juegos, las caricias, los besos y los abrazos compartidos. Hice un álbum de fotos con momentos juntos para que pudiese saber quién había sido su mamá y, aunque corría el mes de noviembre, preparé los regalos del día de Reyes por si no sobrevivía al 6 de enero. Estaba preparada para partir, a pesar de que las palabras *metástasis* y *muerte* resonaban en mí continuamente. Aturdida, el dolor no me dejaba pensar con claridad. Solo fui capaz de pedirles a mis padres, mi hermana y mi pareja que cuidasen de mi hijo, que no le faltase nada cuando su mami ya no estuviese a su lado. No veía más salida a lo que estaba viviendo que la despedida.

Al principio mi oncólogo no me ayudó mucho. Solo me dijo que con la quimioterapia intentaríamos acortar la marcha atrás que estaba experimentando mi cuerpo y parar el reloj del avance del cáncer todo lo posible. Llevaríamos a cabo una quimioterapia paliativa y una radioterapia en la metástasis ósea si había dolor. ¿Sabes lo primero que me vino a la cabeza cuando me hablaban de mis opciones de tratamiento? «No quiero sufrir innecesariamente, si esto no funciona, no quiero padecer hasta que me mate la quimio». ¿Cómo podía ser que me dijese eso? ¡Era médico! Mi formación académica me recomendaba agotar los tratamientos hasta el final de la vida. No tenía ninguna esperanza y prefería morir tranquila en casa, rodeada de los míos y sin el sufrimiento del hospital.

Ese día me fui a casa con la cabeza a punto de estallar, pensando más en la muerte que en darle una oportunidad al tratamiento. Abracé a mi familia y solo quería tumbarme en la cama y no levantarme más. Sí, empezaba la quimioterapia en unos días, pero no me apetecía dar ese paso, solo quería que me dejasen en paz. Toqué fondo porque sentí la desesperación más profunda que jamás había podido imaginar. El miedo y la angustia me paralizaron. No me quedaban más lágrimas que derramar, no cabía más dolor y desesperanza en mí. No era capaz de enderezarme y notaba un gran vacío en mi interior.

Pero algo cambiaría en mí tras aquel día fatídico. Al día siguiente, algo brotó desde lo más profundo de mi ser. Un rayo de energía y luz fue devolviéndome la vitalidad que necesitaba para levantarme. **Volvía a ser yo, volvía a ser la niña que nunca se daba por vencida ante una adversidad, la mujer que siempre luchó por hacer realidad sus sueños.** Creo que necesité hundirme para resurgir con más fuerza que nunca. Resurgí para expandir mis alas y volar alto, renací para sanar y ver a mi hijo crecer. Así que me prometí a mí misma la sanación. «Vas a curarte, Odile, aún no sé cómo, pero lo vas a hacer», le dije a mi cuerpo y, desde ese instante, mi vida cambió de nuevo. Parece fácil, pero ¿cómo puedes resurgir cuando te enfrentas a un diagnóstico tan desolador?

Quiero contarte la historia de un pájaro maravilloso de belleza sin igual, el ave fénix. Dicen que su aspecto es el de un águila de gran tamaño y su plumaje ostenta los más bellos colores: rojo fuego, azul claro, púrpura y oro. Esta fabulosa ave, de origen etíope, superaba en presencia y belleza al más hermoso de cuantos pavos reales pudiesen existir. Única en su especie, no existían dos que conviviesen a la vez. ¿Cómo podía, pues, reproducirse y perdurar en el tiempo? ¿Era inmortal? Cuenta la leyenda que cuando el fénix siente que el final de su vida va a llegar, acumula plantas aromáticas, incienso y cardamomo para crear un nido. Luego, prende fuego a esta olorosa pira y de sus cenizas surge un nuevo animal renacido. El fénix es un símbolo del renacimiento físico y espiritual, del poder del fuego, de la purificación y la inmortalidad. Un ave mítica que muere para renacer con toda su gloria. La mitología me apasiona desde niña y esta historia la había leído decenas de veces en sus diferentes versiones. **En mi caso, me sentí un**

ave fénix que se había desvanecido para renacer con más fuerza y resurgir de sus cenizas.

Desear vivir era una gran noticia, como también dejar de llorar y querer sanar, pero **¿cómo iba a hacerlo si las estadísticas estaban en mi contra?** Solo el 5 por ciento de las mujeres con mi tipo y estadio de cáncer sobrevivían cinco años, **y no había casos publicados de** pacientes que hubiesen vivido diez años tras un diagnóstico como el mío. La supervivencia a los ciento ocho meses es del cero por ciento en los estadios IV de cáncer de ovario. Menudo panorama, ¿verdad?

«Quimio paliativa», «metástasis es igual a muerte», «ninguna mujer vive más de una década con tu cáncer» y «tu enfermedad es incurable» eran los mensajes que una y otra vez se apoderaban de mi mente. Resultaba muy difícil pensar otra cosa cuando, además, mis compañeros de profesión se compadecían de mí. «Qué mala suerte, con lo buena persona y médica que eres y morirte así...», me dijo uno de ellos, con poquísimo tacto. Lo más desagradable fue escucharlo cuando aún me mantenía bien físicamente. Recibir ese jarro de agua fría de otro médico sin una pizca de empatía es difícil de encajar. Pero, a pesar de la adversidad, no estaba dispuesta a sucumbir de nuevo a la depresión. Estaba decidida a ir a por todas y salir adelante. Tenía una determinación e iba a luchar por mi sanación.

Si algo había aprendido de mi experiencia como médica de familia es que en la naturaleza no existe ninguna regla fija que se nos aplique a todos del mismo modo. Cada persona reacciona de manera diferente a los tratamientos y a la enfermedad. La variedad es la esencia misma de la naturaleza, y en medicina dos más dos unas veces es cuatro, aunque otras muchas puede resultar tres, cinco o 2,5. Sí, no iba a ser fácil, pero también tenía de dónde agarrarme. Estaba dispuesta a ser la excepción, a romper las estadísticas y vivir más de esos ciento ocho meses que determinaban los estudios hasta entonces. Las estadísticas son mera información, no debemos tomarlas como una condena. Cuando tienes cáncer y quieres luchar contra la muerte, el objetivo es cerciorarse de que estás en la cola de la curva: en el lugar que ocupan los que sobreviven más de lo que espera la medicina.

Motivada con la idea de vivir más de diez años, comencé a recabar información fiable sobre casos de pacientes que hubiesen sobrevivido largo tiempo con metástasis. Me vine arriba porque no eran ni uno ni dos. En mi búsqueda encontré decenas de testimonios que habían logrado sobrevivir. Yo quería ser una de esas personas. ¿Cómo lograrlo? **Me di cuenta de que todos aquellos supervivientes tenían algo en común: se hicieron cargo de su enfermedad siendo parte activa en su proceso de curación.**

Al leer estas historias extraordinarias que, en ocasiones, la medicina había considerado errores en el diagnóstico o remisiones espontáneas sin más, volví la vista a mi consulta de médica de familia. En mi vida profesional había observado en múltiples casos «evoluciones atípicas» de diferentes patologías. Por ejemplo, había visto cómo caminaban hacia el desastre cánceres de mama con un diagnóstico *a priori* excelente, y había visto vivir más de lo esperado a personas con un cáncer avanzado, aunque ciertamente ninguna había sobrevivido más de cinco años.

Sin embargo, en la consulta veía con frecuencia la relación que hay entre la enfermedad, la alimentación y el estilo de vida. Los diabéticos tipo II (diabetes que aparece en la edad adulta) suelen descompensarse después de las fiestas navideñas por los excesos de azúcar, calorías y alcohol. Es más, era habitual que los hipertensos también se descompensasen, no por olvidar la medicación, sino por haber discutido con la pareja o los hijos. Tras una separación traumática o la pérdida de un ser querido de forma inesperada, no solo suelen aparecer signos de ansiedad o depresión, sino que son frecuentes los problemas digestivos como diarreas, estreñimiento o dolor abdominal, así como efectos en la piel, como la dermatitis, o episodios de migrañas. Por otro lado, había observado que cuando un paciente obeso empezaba a comer sano y a ejercitar su cuerpo no solo perdía kilos, sino que también aumentaba su autoestima y su estado de ánimo, además de mejorar su perfil de glucemia y lípidos en la analítica. Ya disponía de la siguiente hipótesis: «La alimentación y el estilo de vida influyen en la aparición y curación de la enfermedad». Ahora debía zambullirme en la base de datos médica PubMed para ver si los estudios científicos refutaban esta hipótesis inicial.

El primer estudio que hizo despertar mi mente médica occidental lo había publicado un médico estadounidense. El doctor Dean Ornish había demostrado en 2005 que cambios radicales en el estilo de vida podían influir en la progresión del cáncer de próstata. Este especialista probó que los hombres con este tipo de cáncer que seguían una dieta basada en plantas podían ralentizar e incluso hacer desaparecer la enfermedad si eran estrictos con su dieta. Sus estudios me pusieron en la pista para investigar mucho más sobre el vínculo entre el cáncer y la alimentación.

En aquellos días de búsqueda, me topé en las estanterías de una librería con un libro que me cambió la perspectiva sobre mi enfermedad. Se trataba de *Anticáncer, una nueva forma de vida,*[1] del doctor David Servan-Schreiber. A este médico francés, psiquiatra de formación, le diagnosticaron un tumor cerebral muy agresivo, un glioblastoma multiforme estadio

---

1 Barcelona, Espasa, 2019.

IV. En un principio recibió el tratamiento convencional para su tumor, pero este reapareció tiempo después. A raíz de su cáncer recurrente, el doctor Servan-Schreiber investigó si había algo que él pudiera hacer para intervenir en su enfermedad, y de su experiencia e investigación nació su maravilloso libro *Anticáncer*. La supervivencia a cinco años de su tipo de cáncer era del 1 por ciento y él vivió… ¡veinte años! Algo tenía que haber hecho para plantar cara a las estadísticas. Me zambullí en la lectura para hacer cuanto antes todo lo que él había puesto en práctica. Creo que devoré el libro en veinticuatro horas. Aluciné con lo que contaba, cada página me insuflaba esperanza y alegría. Eso era lo que necesitaba, eso era lo que buscaba. Alguien que creía que la alimentación y el estilo de vida podían influir en su cáncer, una persona que lo había experimentado en sus propias carnes.

La parte médica del tratamiento la dejé en manos de mi oncólogo, no tuve dudas de que él me propondría la mejor opción para mí. Así que yo tenía que encargarme de la otra parte, de esa parte que la medicina suele olvidar, la más cercana al día a día de la persona enferma. Iba a cuidarme, iba a potenciar la capacidad curativa de mi cuerpo para hacer que el tratamiento fuera efectivo y romper las estadísticas para ver a mi hijo crecer. Ese era mi mayor objetivo.

Cargada de ilusión y esperanza, alentada por los escritos del doctor Servan-Schreiber y los artículos científicos que posteriormente leí en PubMed sobre nutrición, ejercicio físico, emociones y cáncer, me dispuse a cambiar mi alimentación y estilo de vida, y así, el mismo día que comencé el tratamiento, empecé un nuevo estilo de vida que mantengo once años después. Ese nuevo estilo de vida, que yo llamé *anticáncer*, es el que desde 2010 comparto en mi página web y redes sociales con todos aquellos que quieren cuidarse y prevenir enfermedades, así como con todos los pacientes con cáncer que desean ser una parte activa contra su enfermedad.

Empecé la quimio, empecé a practicar una nueva forma de alimentarme y de relacionarme con los demás, empecé a cultivar la mente y el amor, comencé a hacer ejercicio..., y el milagro se produjo. Las metástasis desaparecieron, cumplí cinco años sin cáncer y luego diez años libre de enfermedad. ¡He roto todas las estadísticas! Esa sentencia que dice que el cero por ciento de las mujeres con un cáncer de ovario estadio IV sobreviven diez años se rompió en mil pedazos. Se puede, claro que sí.

En mi nuevo estilo de vida, no solo cambié mi dieta y practicaba deporte, sino que empecé a meditar. Aunque debo confesar que, de los tres pilares en los que se fundamentaba mi nueva vida, la meditación era sobre el que me sentía más perdida. No sabía dónde hallar información que me ayudase a cultivar y serenar mi mente. **Necesitaba a alguien que me orientase y guiase para calmar todos aquellos pensamientos que iban a mil por hora. Fue entonces cuando apareció en mi vida un monje budista que consolidaría mi transformación.** Lobsang Zopa, el autor de este revelador libro que tienes en tus manos, me inició en la meditación en el momento en que mi mente andaba más agitada. Mi encuentro con él debía darse. Si algo me ha enseñado la enfermedad es que nada ocurre por casualidad. Todo está conectado. Así que, desde que fui consciente de esta conexión, he podido comprobar una y mil veces que todo efecto tiene una causa. Por entonces se reunieron las causas y las condiciones necesarias para que conociese a una persona que me ayudó a cultivar mi mente hasta transformarla en lo que es hoy.

Una de mis mejores amigas, Margarita, me ayudaba a calmar la ansiedad y el desánimo gracias a sus relajantes masajes de reflexología podal. En una de sus sesiones me habló de Sylvie, una psicóloga de mi ciudad que tenía experiencia con pacientes con cáncer. El día que la conocí, me conquistó la serenidad que transmitía. Su rostro reflejaba seguridad y sus preciosos ojos azules irradiaban sabiduría y entrega. Sylvie es una mujer segura y sabia. Ella me ayudó a aceptar la enfermedad, me hizo ver que aún estaba aquí y, por tanto, que no podía entregarme de manera prematura a la idea de morir. «Esta noche, un amigo que es monje budista va a hacer una *puya* del Buda de la Medicina para pedir por la sanación de todos los que sufren. Vente, te va a hacer bien», me dijo. ¿Una *puya*? ¿El Buda de la Medicina? No tenía ni idea de lo que me estaba hablando, pero sentí que tenía que ir. La quimio me dejaba sin fuerzas, pero a pesar de que el cuerpo me pedía sofá y manta, me encaminé a casa de Sylvie. En realidad, preveía que allí me esperaba algo que iba a cambiar mi vida.

Allí me encontré con una decena de personas que charlaban de manera distendida mientras un hombre afable y sonriente, vestido con un hábito color azafrán, terminaba de preparar un pequeño altar dedicado a Buda. Aquella figura de Buda, con un rostro apacible de color añil, llamó fuertemente mi atención. Sin dirigirme al monje, me senté frente al altar y empecé a sentirme tranquila, con mucha paz. Según la tradición budista tibetana, la *puya* o ceremonia del Buda de la Medicina es una poderosa práctica de sanación para aliviar todo tipo de dolencias físicas, mentales y emocionales, a través de las compasivas y poderosas bendiciones de Buda. La tradición tibetana considera que las enfermedades surgen de los desequilibrios que los tres venenos de la mente —el apego, la aversión y la ignorancia— provocan en la energía vital. Tal y como señala esta creencia, las bendiciones de Buda tienen el poder de eliminar esos venenos. Y yo, en aquel lugar cuya atmósfera me cautivó, nada tenía que perder.

Antes de que se iniciase la *puya,* Sylvie nos presentó a todos a aquel monje de mirada amable. Lobsang Zopa era su nombre. El ritual consistía en la repetición continua de mantras en un tono tal que mi mente empezó a entrar en un estado extraordinario de calma y serenidad. Después del estrés que había vivido durante aquellas semanas previas, aquel momento de paz me pareció mágico. Cuando la ceremonia acabó, se repartieron los alimentos bendecidos entre todos los asistentes. El monje se acercó y me regaló una pulsera roja que ató con delicadeza a mi muñeca izquierda. Estas pulseras budistas son confeccionadas a mano mientras se recitan mantras, y se atan con siete nudos para que cuerpo y alma permanezcan ligados eternamente y con firmeza. Los mantras con los que se bendicen las pulseras infunden al brazalete una poderosa energía espiritual. La idea es que esta energía positiva pueda fluir hacia la persona que la porta y restaurar el orden natural de las cosas. Tras aquella experiencia regresé a casa serena y tranquila. Esa noche por fin pude tener un sueño reparador.

Al día siguiente, me reencontré con aquel monje para que me diese unas nociones básicas sobre cómo meditar, y de ese maravilloso encuentro nació una preciosa amistad. Lobsang Zopa pasó a convertirse en mi maestro y guía espiritual. **De nuestro primer encuentro recuerdo una frase que me acompañó durante todo el tratamiento. «No hay nada permanente, excepto el cambio. Todo cambia constantemente, instante a instante. Igual que tus células han cambiado, y se han vuelto tumorales, pueden cambiar de nuevo y sanar», me dijo.** Eso es lo que necesitaba oír y comprender. Tiempo después entendí que este es el principio de la impermanencia, un principio que no solo es clave en el budismo, sino que rige toda nuestra vida. El cambio es lo único inmutable, nuestra capacidad de adaptación a este es lo que va a facilitarnos la vida y, por ende, a liberarnos del sufrimiento. Según Buda, sufrimos porque nos apegamos a lo que nos causa placer y rechazamos lo que nos causa dolor. Pero, como nada es permanente, tampoco lo son ni el placer ni el dolor. Este principio me hizo despertar, aunque no me atrevo a contaros más. De todo ello ya os hablará mi maestro a lo largo de este libro.

En aquel segundo encuentro, que me llevaría a muchos otros más, Lobsang Zopa me enseñó los principios básicos del arte de la meditación y me propuso recitar mantras y rituales de sanación tibetanos. Pero, sin duda, lo más valioso que me ha ofrecido a lo largo del tiempo es hacerme ver que la mente humana es poderosa y que aprender a gestionar mis emociones podía tener un valor incalculable en mi proceso de sanación. Según mi maestro, yo había reunido las causas y las condiciones necesarias para conseguir sanar. Le creí porque, además, llevaba días convencida de que iba a curarme a la vez que seguía adelante con mi tratamiento y mi nuevo estilo de vida. No estaba siendo fácil, pero aquel monje afianzó mis creencias y me reveló otras nuevas. **Le prometí que, si superaba la enfermedad, me dedicaría a ayudar a los demás a sanar. Y hoy, once años después, puedo decir que ambos compartimos el mismo objetivo de ayudar a otras personas.** Solo me resta decirte que te dejes guiar y te sumerjas en esta lectura de la misma forma que yo, sin darme por vencida, tomé la decisión de luchar por transformar mi vida.

DOCTORA ODILE FERNÁNDEZ
Mamá, médica, superviviente de cáncer
y autora de *Mi revolución anticáncer*[2]
y *Recetas para vivir con salud*.[3]

---

2 Barcelona, Planeta, 2019.

3 Barcelona, Planeta, 2018.

INTRODUCCIÓN

EL INICIO DEL CAMINO

TE ASEGURO QUE TODO lo que vas a leer en este libro sale directamente de mi corazón. Te voy a contar una pequeña historia, la historia de una vida que no es ni mejor ni peor que otra, sino que es, sencillamente, distinta. Mi vida cambió de forma radical a los cuarenta y ocho años, y ese cambio me marcó hasta convertirme en quien soy ahora. ¿Cómo alguien con una vida normal decide hacerse monje budista? Cuando te lo cuente, lo entenderás.

En realidad, yo lo había conseguido todo con bastante rapidez. Terminé mi carrera de Arquitectura Técnica, creé una empresa, compré una casa, me casé a los veinticuatro años con la mujer de mi vida —la conocí cuando apenas tenía ocho años— y tuvimos dos hijos maravillosos. La empresa no podía ir mejor, es decir, tenía muchos proyectos y ganaba mucho dinero. Incluso progresé en el ámbito de la política empresarial al frente de asociaciones del sector. Tenía buenos amigos, relaciones influyentes y una buena posición social. Me sentía orgulloso de mis logros, querido y respetado. Me consideraba una persona muy feliz, y parte de esta felicidad se debía a que por mi posición podía ayudar a los demás de distintas formas. Ayudar siempre me ha hecho sentir realizado. Así que tenía todo lo que cualquier persona pudiese desear para vivir una vida plena. Era un momento dulce. ¡Había triunfado! Seguro de mí mismo, estaba convencido de que tenía el control de mi vida. ¿Qué más podía pedirle?

Aquel fatídico día de 2005, todo aquello que daba solidez a mi existencia y me hacía sentir tan bien no fue suficiente. Creía que todo lo que tenía duraría siempre y que nada cambiaría. No sería así. Esa convicción no tiene mayor realidad que un arcoíris o un espejismo en el desierto. Las cosas pueden durar menos que una gota de rocío ante los primeros rayos del sol.

Todavía me estremezco cuando lo recuerdo. Por aquel entonces, y a mis cuarenta y ocho años, yo trabajaba como director de seguridad de una obra en Granada, mi ciudad natal. A primera hora de la mañana, cuando conducía hacia la oficina, recibí una llamada. Era el jefe de la obra. Como él no me solía llamar, y menos a esa hora, presentí que algo no iba bien. Acababa de terminar mi meditación de la mañana —una práctica por la que siempre me había sentido atraído—, y me sentía más receptivo y sensible. Me inquieté. Al descolgar, nuestras palabras fueron estas:

—¡Manuel!, baja rápido, se ha producido un accidente.
—¿Es muy grave?
—Sí, una persona ha muerto.

Mientras escribo esto, todavía puedo sentir la extraña sensación que recorrió todo mi cuerpo. Cuesta explicarlo con palabras. Tratando de mantener la calma, giré mi coche y me dirigí a la obra. Reconozco que durante el trayecto me costaba controlar mi desazón. Los peores pensamientos surgían en mi mente sin parar, uno tras otro, hasta que llegué a mi destino. Sentí una lucha interna entre la búsqueda de la tranquilidad y los latidos de mi corazón, desbocados por los nervios. Tenía la sensación de estar entrando en un laberinto sin tener muy claro que fuese capaz de encontrar la salida.

¿Por qué me había hecho cargo de esa obra? ¿Por qué quería ganar más dinero? ¡Si no lo necesitaba! Presentí que toda la responsabilidad de aquel accidente iba a recaer sobre mí y que todos intentarían eludir la suya. Ya había pasado por muchas vicisitudes en mi vida, pero esta era especialmente grave. De nuevo, sentí más desasosiego, dolor y sufrimiento. Me embargó una sensación de soledad y desamparo. Al bajar del coche, todo mi cuerpo temblaba y apenas me podía mantener de pie. No sabía qué me encontraría, ni cómo terminaría aquello. Era como un animal acorralado, como un niño pequeño totalmente desprotegido.

Cuando llegué vi que había mucha agitación a mi alrededor. Agentes de la Guardia Civil, los trabajadores, miembros del sindicato, periodistas... ¡Cuánto tumulto! Parecía una obra de teatro donde yo, como responsable de seguridad, era el protagonista sin desearlo. Tengo que confesarte que nunca me gustó ser el actor principal de nada. El jefe de obra me estaba esperando para ponerme al corriente y llevarme al lugar donde se produjo el accidente. Allí, tendido en el suelo, permanecía aquel hombre, bocabajo y sin vida, tal cual había caído mientras trabajaba sobre una plataforma utilizada para la construcción. Hubo una segunda persona que se cayó con él, su hijo, que fue llevado al hospital herido de gravedad. Se me encogió el corazón. Nunca había estado tan cerca de la muerte. Pensé en él, en su familia y en cómo los afectaría. También pensé en los míos.

Subimos a la planta donde se había desplomado aquella plataforma, y lo inspeccioné todo. No te voy a relatar todo el proceso ni las horas que pasé allí preguntándome cómo había podido ocurrir aquella desgracia. El hecho era que en el suelo de aquella obra yacía una persona sin vida y que su hijo estaba ingresado en el hospital. Aunque creía que tenía cierto control sobre mis emociones, no pude mantenerme al margen y evitar el dolor.

Parecía que estaba inmerso en un sueño del que era muy consciente, del que me hubiese gustado despertar y descubrir que nada de aquello estaba ocurriendo. Pero no, aquello era una pesadilla muy real de la que no podía escapar. Debía afrontarlo. Me vino a la cabeza todo lo que había leído hasta entonces sobre la muerte, un momento incierto, y que hay más causas para que podamos perder la vida que para mantenerla. No pude evitar reflexionar sobre cómo había sido mi vida hasta entonces. ¿Qué haría con el tiempo que me quedase por vivir?

Tuve que ir a prestar declaración al cuartel de la Guardia Civil, pero no podía salir del estado mental en el que me encontraba. Cuando llegamos a la comisaría, había otras personas esperando y me dispuse a dar un paseo para tomar un poco el aire. Lo necesitaba más que nunca. Echaba en falta respirar profundamente y de manera consciente. La playa estaba muy cerca, así que lo aproveché. Una vez allí, me quité los zapatos y caminé descalzo muy despacio hasta la orilla, donde me senté. Dejé que mi mirada se fundiera con la superficie del mar y me quedé allí tranquilo, tratando de serenarme. Solo quería que el mundo exterior desapareciese para mí. Entonces recordé los pasajes de un texto que había escrito hacía un tiempo.

> Cuando en tu vida te encuentres en una encrucijada, cuando tengas la sensación de hallarte en un laberinto sin salida, párate, para el mundo, encuentra un lugar tranquilo y busca tu respiración. Acompáñala como si de tu mejor amigo se tratara. ¡Siéntela! Solo, escúchala como escucharías el viento en el desierto sin distracción. Te vendrá la calma. Entonces oirás la voz de tu alma, que, llegando a ti como un leve susurro, te dirá: «Nada es perfecto». Siempre hay opciones, siempre encontrarás una salida.

Llevé toda la atención a mi respiración, y simplemente me limité a sentirla. Permití a mi cuerpo que hiciera lo que mejor sabe hacer, respirar. Desde ahí podía observar todo lo que ocurría en mi cuerpo y en mi mente, sin necesidad de interferir en su proceso. Como cuando un científico observa objetivamente un fenómeno en su laboratorio con toda su atención. En ese instante yo me convertí en científico y observaba mi universo interno como tantas veces había hecho durante la meditación. Pero no todo fue sosiego. También me sentía como el rey que espera, amenazado, su jaque mate. ¿No había sabido jugar hasta ahora? ¿No había aprendido lo suficiente a lo largo de mi vida? Había vivido sin pensar que te puedes encontrar con jugadas para las que no estás preparado. En realidad, el movimiento de las otras piezas no depende de ti.

Mientras permanecía en la arena, los pensamientos, como olas, irrumpían en el océano de mi mente. ¿Hay algo que no nos cause problemas? ¿Qué control tenemos de las cosas? ¿Hay algo que podamos controlar? En ese momento no tenía respuestas para todas estas preguntas. Todos intentamos y ponemos mucho esfuerzo en evitar los problemas. Sin embargo, la mayoría de nosotros no sabemos cuál es el verdadero problema, y este es el problema más grave. La ignorancia nos limita.

Aquella era una obra de alto riesgo con más de... ¡doscientos trabajadores! En un proyecto así hay muchos peligros: todas las medidas de seguridad que se tomen son pocas cuando la vida humana está en juego. Evitar riesgos siempre fue motivo de preocupación para mí. Confieso que hice todo lo posible por garantizar la seguridad de los operarios. Era mi trabajo, pero allí, sentado a la orilla, los pensamientos difíciles venían uno tras otro sin darme tregua.

La culpabilidad, la duda, la fatalidad y la tristeza vencían a la calma. La mayor parte del tiempo no sentía ni la brisa que me llegaba del mar, ni el sonido de sus olas. Mis sentidos estaban abducidos por todo lo que pasaba en mi mente. Me fue inevitable volver a pensar, angustiado, en la familia del obrero fallecido. Aquella muerte cambiaría completamente sus vidas. Al igual que la mía. Le di vueltas a mi pasado y al futuro. Nada sería igual a partir de este día. Pensé en mis hijos, en mis padres, en mis hermanos y en cómo les afectaría todo esto. Pero llegó un momento en que aquellos pensamientos funestos pararon.

DESPUÉS DE LA TORMENTA SIEMPRE LLEGA LA CALMA

Mi mirada no dejaba de centrarse en el mar y el horizonte, parecía más parte de ellos que de mí. No sé si fueron mis ojos los que se fundieron con el mar, o fue el mar el que, en un acto de generosidad hacia mí, se fundió con ellos. La calma y el silencio invadieron todo mi ser, como la quietud que queda cuando deja de soplar un viento fuerte. Todo se serenó y se quedó en su sitio. Fue como si la naturaleza hubiese sido consciente de mi mente convulsa y de la necesidad de mi corazón de alcanzar la serenidad. Me sentía tan bien que no quería despertar de ese sueño al que me llevó el mar.

En este nuevo estado surgieron pensamientos completamente distintos. Se acomodaban en mi mente de una forma más tranquila y espaciosa. ¿Cuál es el verdadero sentido de la vida? ¿Y el propósito de vivir? Ambas preguntas acudieron a mí como si tuviesen vida propia, esperando una respuesta reveladora. Entonces me pregunté: «¿Cuántos momentos de tranquilidad reales he tenido en toda mi vida? ¿Tengo un propósito vital?». Acababa de suceder algo terrible y no tenía las respuestas para unas preguntas que nunca me había hecho antes. No sé por qué tenemos que esperar a vivir momentos trágicos y difíciles para plantearnos cuestiones esenciales. A todos nos gusta vivir bien, esto es algo innegable que no necesita explicación. Pero ¿alguna vez nos preguntamos cómo queremos vivir o qué tiene sentido para nosotros? Sí, yo solo quería ser feliz, aunque lo que estaba pasando me demostraba que no había seguido el camino más acertado. ¿Qué me faltó por aprender?

Hasta entonces me había dedicado a hacer lo que hace y quiere todo el mundo: ¡prepararme para la vida! Estudié con ahínco hasta terminar la universidad para tener un buen trabajo en el futuro, ganarme la vida honradamente, encontrar a la mujer ideal y formar una bonita familia. ¿Te identificas con lo que te cuento? Me había entregado con esfuerzo e ilusión para conseguir una casa, un buen coche, tener éxito, ganar mucho dinero... En fin, tener, tener y tener cosas. ¡Lo que todo el mundo busca y desea! ¿No es así? Pero, al igual que yo, aquel hombre fue a trabajar a la obra aquella mañana para mantener a su familia. Aunque no fuese consciente, él también tenía un proyecto de vida. Entonces, empecé a pensar en todos mis años vividos y todo lo que había hecho hasta entonces.

Como si estuviese despertando de un sueño, sentado sobre la arena recordé estas palabras de Buda: «Como una estrella, una aberración visual, la llama de una lámpara, una ilusión, una gota de rocío, una burbuja de agua, un sueño, un relámpago, una nube: considera así todos los fenómenos condicionados».

Tranquilo, empecé a darle vueltas al significado de «fenómenos condicionados». Algo condicionado es aquello que depende de causas y condiciones para existir y, por tanto, no depende de sí mismo. Esto me llevó a una reflexión muy profunda. ¿Qué hay en la vida que no esté condicionado? ¿Hay algo que no dependa de nada? Todo lo que había hecho, todo lo que quise, todo lo que obtuve, todo lo que perdí siempre dependía de algo. Mi trabajo, mis relaciones, mis posesiones, mi felicidad, incluso mi propia vida..., ¿nunca tuve control sobre ello? ¿Por qué? ¿Qué podemos controlar nosotros? Qué seguros nos sentimos de todo, ¿verdad?

Antes de declarar ante la policía, conseguí calmarme. Mi cuerpo era ligero como el algodón y mi mente tan clara como un cielo sin nubes. Desde esa claridad mental surgió un último pensamiento y un solo deseo: **dejarlo todo y buscar la fuente de ese conocimiento tan profundo.** Tenía la certeza de que encontraría las respuestas a mis preguntas y, con ello, el sentido de la vida. Nunca había tenido algo tan claro. Además, tenía fe, no una fe ciega, sino una fe clara, una convicción basada en los muchos años que llevaba leyendo libros de psicología transpersonal, espirituales y filosóficos, con los que había aprendido de forma autodidacta, así como en mi propia reflexión y meditación. Aquel triste suceso fue la palanca que me impulsó.

Tomé conciencia de que el hombre que se sentó allí no sería el mismo que se levantaría. Toda la intranquilidad, el miedo y las dudas desaparecieron como la bruma de la mañana con los primeros rayos del sol, dando paso a la paz, la confianza y la claridad. Estaba dispuesto a asumir cualquier responsabilidad sin temor a nada. Incluso llegué a pensar que, si me enviaban a prisión, no me importaba, ¡tendría mucho tiempo para leer y meditar! Confieso que nunca había tenido una sensación de libertad como aquella. Tras tomar esa decisión, todo estaba bien, no faltaba nada, sentía mi vida completa. Lloré sin poder ni querer evitarlo. Aquellas lágrimas vinieron a limpiar mis ojos para que pudiese ver que una vida estaba a punto de acabar y otra, muy distinta, a punto de empezar.

Saber que comenzaría a recorrer un nuevo camino me emocionaba. Estaba a las puertas de algo muy grande. Me dije: «La situación en la que me encuentro me lo permite. ¡Lo puedo hacer! No hay nada que me lo impida. No hay nada que me retenga». No sabía cómo lo haría, ni por dónde empezar. Pero mi decisión era tan sólida y firme como una montaña. Dentro de mí había algo que me decía que, paso a paso, lo conseguiría.

Aquel día, todo lo que para mí había representado mi seguridad, las cosas en las que me había apoyado para sentirme vivo, todo por lo que había luchado durante tanto tiempo, todo en lo que había creído y en lo que había puesto mis ilusiones y esperanzas se esfumó por arte de magia. Mi vida había sido como un sueño, y ahora, debido al impacto de la situación tan fuerte que estaba experimentando y quizá porque en aquel preciso momento se reunían muchas más causas que se escapaban a mi entendimiento, ¡estaba despertando!

Me sentía como si, mientras subía un pico escarpado, hubiese soltado la pesada mochila que había llevado sobre mis espaldas durante todo el ascenso. En ese momento, vinieron a buscarme para decirme que era mi turno para declarar. Cuando me levanté, yo era otra persona distinta de la que se había sentado. Mis percepciones habían cambiado. Años después comprendería las verdaderas razones de todo esto.

Cuando terminé mi declaración, les dije a los máximos responsables de aquel proyecto que hablaríamos más tranquilos cuando volviese a visitar la obra. Me fui a buscar el coche caminando muy tranquilo sin perder de vista el mar. Entonces sí sentí la brisa en la cara, pero no olvidaba lo ocurrido. La vuelta fue muy distinta, la decisión que había tomado y lo que quería hacer con mi vida ya estaban anclados en mi corazón.

MIS PRIMEROS PASOS EN EL CAMINO HACIA EL VERDADERO CONOCIMIENTO

No me convertí en monje de la noche a la mañana, ni sentí ese deseo de forma inmediata, aunque comencé a sentar las bases para ello. Después de aquel incidente, me refugié en la búsqueda de ese conocimiento que cambiaría totalmente mi vida. Recuerdo que anhelaba que llegaran las tardes para ir a casa, descansar un poco y ponerme a leer, reflexionar y meditar en mi estudio. ¡El tiempo desaparecía cuando entraba en aquel espacio!

Por aquel entonces no tenía maestros, los libros eran mi guía. Comprendería cómo se puede ser un hombre de conocimiento, como decía don Juan Matus, y dejar de ser una persona común y corriente. Cómo se puede dejar de ser una máquina y ser más consciente de uno mismo, como decía el maestro místico George Gurdjieff. Cómo ser más feliz al saber lo que debemos abandonar y lo que debemos desarrollar al comprender la mente, como decía Buda.

A veces, me pasaba los días solo con unas cuantas páginas, no avanzaba, las leía y releía una y otra vez hasta que lograba penetrar en su significado. No era una tarea sencilla. Cuando surgía en mí la sensación de certeza sobre aquello que estaba contemplando, en ese momento, dejaba de analizar y de reflexionar. Entonces, me concentraba sin distraerme para integrarlo y hacerlo fuerte en mi mente. Esta es la forma para que el conocimiento no se quede en la superficie. No es lo mismo saber y entender las cosas a nivel intelectual que sentirlas con toda tu alma. De esta manera te haces más consciente, mejor persona y más responsable. Así reorientas las prioridades de tu vida y abandonas lo superfluo.

Te iré descubriendo a lo largo de estas páginas cómo encontré ese conocimiento milenario y cómo lo integré en mi vida. Te hablaré de él con simplicidad y sencillez sin alterar su esencia, y de cómo este conocimiento no es algo que no vaya a influir en ti, sino que impregna cada instante de nuestras vidas. Te hablaré de mis maestros y de cómo me enseñaron y me guiaron paso a paso en el arte de la alquimia interior. Solo deseo poder orientarte de la misma forma que ellos lo hicieron conmigo.

A los primeros libros les siguieron muchísimos más; mi sed de conocimiento era insaciable. A lo largo del libro te hablaré de los más importantes. Creo que merece la pena que sepas cuáles fueron las primeras fuentes en las que bebí, y también, al hacerlo, rindo homenaje a esos maestros que dedicaron su vida o parte de ella a cultivar, mantener y transmitir su conocimiento, asegurando así su continuidad para beneficio del ser humano.

En esta etapa previa a mis estudios y preparación como monje budista, aprendí mucho, y cambiaron muchas cosas en mí. Conforme cambiaba mi mente, las percepciones que tenía de mí, de los demás y del mundo también cambiaban. Cuanto más estable y clara se hacía mi mente con la meditación, más paz, tranquilidad y sosiego experimentaba. Empecé a ser consciente de mis hábitos, de mis comportamientos erróneos y mis concepciones equivocadas. Aprendí a afrontar mejor las dificultades y contratiempos que surgían en el día a día desde la serenidad y la confianza que ganaban terreno dentro de mí.

Fueron muchas las lecturas espirituales, filosóficas y científicas que abracé. Mientras mantenía una vida convencional a ojos de los demás, trabajé mucho en el silencio de aquella habitación. Buscaba comprender el significado de cada frase y cada palabra que contenían los textos. No siempre lo conseguía, pero cuando lo lograba, era como si hubiese ido a una isla a buscar un misterioso tesoro y hubiese vuelto con el barco repleto de oro. Aquellos momentos me hacían sentir muy bien, no solo por la comprensión que alcanzaba, sino porque también sabía, en lo más profundo de mí, que algún día compartiría todo aquello con los demás. Ese único pensamiento me hacía muy feliz.

Sin embargo, me sentía como aquel que tiene todas las cuentas para armar un collar, pero le falta el hilo. Sabía que ese conocimiento que tanto me interesaba existía más allá de mi trabajo autodidacta. Pero ¿dónde encontrarlo? Después de tantos años de estudiar por mi cuenta, llegué al convencimiento de que podía encontrarlo en el budismo tibetano. Pero no conocería toda la profundidad de esas enseñanzas hasta mucho más adelante. Lo que aprendí de ellas solo sería como una gota en el océano en comparación con todo lo que me enseñarían mis futuros maestros.

UNAS ENSEÑANZAS EXTRAORDINARIAS PARA DESARROLLAR LA MENTE Y EL CORAZÓN

No me equivoqué. Me transformé del todo gracias al aprendizaje que me aportaron los grandes sabios y bondadosos lamas, exiliados del Tíbet y sostenedores de una sabiduría milenaria mantenida a través de un linaje puro, capaz de transformar la mente más oscura y el corazón más duro. En 2010, recibí la ordenación completa como monje de manos de su santidad el Dalái Lama en Dharamsala (India), después de haberme preparado con mi primer maestro, Gueshe Lobsang Jamphel, durante cuatro años como monje *getsul* en el monasterio de Nalanda, en Francia; haber trabajado antes como voluntario en el centro de retiros de O Sel Ling, en Granada, y sentir las fuerzas y la convicción para comunicárselo a mi familia, que aceptó mi decisión con una emocionante generosidad.

He vivido con otros monjes durante los últimos quince años. La mayor parte del tiempo, en el monasterio donde estudié filosofía, psicología, metafísica, lógica y tantra a través de los textos fundamentales del budismo tibetano. También pasé algún tiempo en Katmandú (Nepal), Dharamsala (India) y Bendigo (Australia). En todos estos lugares permanecí en retiros espirituales, a la vez que recibía las enseñanzas de maestros como su santidad el Dalái Lama, Lama Zopa Rinpoché, Lobsang Khensur Rinpoché y Lama Lhundrup Rigsel. Me preparé para recibir un conocimiento puro, transmitido de generación en generación por maestros que dedicaron sus vidas a ello durante cientos y cientos de años, hasta llegar a mí. Soy un hombre afortunado.

Desde la simplicidad, mis primeros maestros me enseñaron tres cosas en las que se basa la meditación zen o *zazen:* la postura del cuerpo, la respiración justa y la actitud de la mente. Pero, siendo honesto, aunque aprendí muchísimas cosas, la más importante de todas fue a mirar dentro de mí. Vislumbré los profundos condicionamientos del pasado y cómo estos interaccionan, afectan y moldean cada momento de nuestras vidas en el presente, afectando significativamente a las relaciones con nosotros mismos, los demás y con el mundo, impidiéndonos vivir con plenitud.

Como discípulo, recibí las instrucciones idóneas para desarrollar la mente y el corazón más allá de donde yo habría llegado solo. Con el tiempo no tuve dudas de que era mi sitio. Al final, mi entusiasmo, mi esfuerzo y mi paciencia se vieron recompensados con algo más grande de lo que yo podía imaginar. Encontré todas las respuestas a las preguntas que me preocuparon desde aquel triste y revelador día de 2005. Mi vida, por fin, tuvo todo el sentido.

Ahora, después de tantos años, cuando enseño o comparto mi tiempo con otras personas, siempre les digo que no hace falta hacerse monje, ni irse a las montañas y dejarlo todo para poder beneficiarse de este conocimiento y estar bien en el mundo. Lo único que hay que abandonar son nuestros engaños, y estos están en nuestra mente. Podemos vivir una vida mejor allí donde estemos, con nuestras familias, pertenencias y amistades, dentro de la sociedad porque, a fin de cuentas, los seres humanos somos seres sociales y podemos convivir en paz con los demás. Solo tenemos que aprender a hacerlo y esto sucede, únicamente, cuando logramos conocernos a nosotros mismos. Ese es el primer paso imprescindible.

En mi caso, mi interés en la búsqueda del autoconocimiento me llevó a encontrarme con el budismo zen. Por primera vez en la vida aprendería algo que realmente me llenaba de significado. Hoy sé que aún me queda mucho, pero el tramo recorrido ha merecido todo el empeño dedicado. También sé que no habrá nada que me aparte de él, sea lo que sea que acontezca en el resto de mi vida. Debes saber que nadie te puede robar la sabiduría adquirida, una sabiduría que nace dentro y que luego podemos compartir con el mundo. El conocimiento es como un sólido refugio que te protegerá de todos los obstáculos en este camino tan incierto y cambiante que es la vida.

La sabiduría que reúno en estas páginas trata sobre nuestra mente, nuestras percepciones, sensaciones y emociones, además de nuestros recuerdos, miedos y esperanzas. Te alertaré sobre nuestra forma acelerada de vivir, yendo de un lado para otro sin reparar en lo que sucede a nuestro alrededor, alterando y maltratando nuestro cuerpo y nuestra mente, privándolos de vivir desde su propia naturaleza y equilibrio. Hay conocimientos que tienen un enorme poder transformador hasta llevarnos a las puertas de la verdadera felicidad y darle sentido a nuestra existencia. A tu manera, esa transformación también puede pasarte a ti si es lo que necesitas. Si has llegado a este libro, no es por casualidad. Mi objetivo es que lo consigas. Ha llegado el momento de que sigas tu nuevo camino confiando en tu propio potencial.

CAPÍTULO 1

DESCUBRE TU ESENCIA Y DESARROLLA TU POTENCIAL

SOMOS SERES DE LUZ. Cuando lo digo, casi todo el mundo se sorprende. Imagino que tú también. Esta no es una afirmación esotérica, ni mágica. Tampoco es una idea ajena a la realidad en que vivimos. La luz forma parte de nuestra verdadera naturaleza. El problema es que, en general, no alcanzamos a reconocer nuestra propia vida, nuestra propia esencia, ni siquiera la posibilidad de que una situación dolorosa pueda cambiar o que haya medios para conseguir la transformación que tanto anhelamos.

Estamos tan acostumbrados a vivir en la penumbra que hemos olvidado que somos luz. No reconocemos nuestro potencial porque no somos capaces de percibir cómo son las cosas en realidad, constantemente malinterpretamos lo que nos sucede y lo que acontece a nuestro alrededor. La mayor parte de las veces, el modo en que existen las cosas y la forma en que las percibimos no coinciden, y nos cuesta ver las diferencias. ¿Cómo puede ser posible? El ser humano es racional y utiliza la inteligencia en favor del progreso. «Fíjate hasta dónde ha llegado nuestra civilización», me dirás. ¡Por supuesto! Admiro los grandes logros que ha conseguido la humanidad a lo largo de la historia.

Pero ahora piensa en ti por un momento.

Céntrate en aquello que sientes a diario, en lo que te duele y te perturba, en la tendencia que tenemos a correr sin fijarnos en cada paso que damos. ¿Eres consciente de todo lo que haces, dices, piensas o sientes? Apuesto que no. No reconocemos nuestra propia esencia porque la luz de la sabiduría está velada por las nubes de la ofuscación y las emociones destructivas. No reconocemos nuestra propia situación porque creemos estar despiertos y ser conscientes cuando en realidad aún no hemos despertado.

Sé que no es fácil enfrentarse a conceptos e ideas nuevas, pero, con un poco de paciencia, al igual que las piezas de un puzle que encajan en su sitio, a su debido tiempo todo comenzará a tener sentido para ti. En realidad, no te voy a hablar de nada extraño. Te hablaré de nosotros —yo también me incluyo—, de quiénes somos, de cómo podemos aprender a integrar y dirigir nuestras vidas y hacer que nuestro día a día sea más apacible y saludable.

Durante dieciséis años estudiando los grandes textos de psicología y filosofía que recogen las profundas y vastas enseñanzas de Buda sobre la mente, no escuché otra cosa que no versara sobre cómo mejorar a los seres humanos; sobre las causas que han producido nuestra pérdida de valores y de confianza en nosotros mismos y sobre cómo revertir esa situación hacia una transición positiva. Debemos abordar nuestra propia psicología sin disfraces ni engaños. **Al estudiarnos a nosotros mismos no solo veremos lo que somos, sino que nos daremos cuenta de lo más importante de todo: lo que podemos llegar a ser.**

A mí también me ha costado llegar hasta aquí, hasta este nivel de comprensión del que te hablo con total convencimiento. Cuando acudí al monasterio de Nalanda por primera vez, pensaba que mis días transcurrirían entre apacibles meditaciones, compartiendo experiencias y recibiendo la guía de los maestros más sabios. Pensaba que mi formación como monje budista sería un bálsamo para mí. Qué equivocado estaba... Sí, la experiencia fue maravillosa. Puedo decir que disfruté cada momento, incluso los más duros, porque, como el resto de los aprendices que deseábamos ordenarnos, no iba a conseguir nada sin esfuerzo.

Darme cuenta del enorme potencial que tenemos los seres humanos merecía un arduo trabajo por mi parte. Cada vez que leía y analizaba todo lo que me ofrecían en el monasterio, a mi recuerdo venían aquellas jornadas de estudio durante mi época universitaria. Siempre me había movido por las prisas de alcanzar el éxito sin disfrutar del camino. En aquel momento, me di cuenta de que el recorrido iba a ser muy distinto. Cuando mi maestro me habló del potencial que tenemos todos dentro de nosotros esperando a ser descubierto, quedé conmovido. Me impactó tanto que tuvo que pasar algún tiempo para que asimilase un mensaje tan valioso y profundo. Espero que, como yo, veas la inmensidad de posibilidades que inundarán tu vida.

DESPERTAR COMO LO HIZO BUDA (Y TÚ TAMBIÉN PUEDES HACER)

Lo que escribo en este libro está íntimamente relacionado con los consejos que un gran ser dejó como herencia para la humanidad, y que surgieron como respuesta a los desgarros del corazón inherentes a la condición humana. La única intención de Buda fue llevar alivio a todos y cada uno de los seres, sin excepción alguna. Hay quien se refiere a él como el Despierto. Una historia cuenta que cuando Buda iba de camino a Benarés (India) para dar su primera enseñanza, se encontró con un hombre que quedó deslumbrado ante su presencia. Este le preguntó:

—¿Quién eres? ¿Eres un dios?

—No —respondió Buda.

—¿Acaso eres un rey? —preguntó de nuevo el hombre.

—No —le contestó.

—Pues, entonces, ¿quién eres? —insistió.

—El Despierto —contestó Buda, y siguió su camino.

Buda, llamado Siddharta Gautama, fue una persona ordinaria que vivió entre los siglos VI y V a. C. Decidido a buscar la verdad, se alejó de cualquier lujo propio de sus orígenes aristocráticos. Con esto no quiero decirte que dejes de lado tus comodidades. Solo te pongo como ejemplo el nivel de empeño que adquirió en su vocación. Buda despertó del sueño profundo de ignorancia y engaño en el que la mayoría estamos sumidos. Eliminó todos los velos que ocultaban su verdadera naturaleza —que es la misma que la de todos los seres humanos—. Tras conseguirlo, con una mente inmensamente clara, dedicaría el resto de su tiempo a ayudar a otros a hacer lo mismo para que pudiesen liberarse de sus problemas. Su profunda visión inspiró al mundo, y estoy convencido de que seguirá sirviendo a las generaciones futuras.

Lo más increíble de Buda es que nunca se consideró especial. Él mismo dijo que las cualidades que alcanzó tan solo eran cualidades humanas llevadas a su máxima expresión. Sus conocimientos no eran una invención ni le llegaron por revelación divina, sino que los obtuvo gracias a sus esfuerzos. Al lograrlo, nos ofreció soluciones universales para resolver problemas universales. «Mis enseñanzas tratan sobre la ansiedad y el desconsuelo, y la erradicación de la ansiedad y el desconsuelo», aseguró con humildad. Según él, todo lo que logró está al alcance de cualquier ser humano que trabaje sobre sí mismo observando su cuerpo y su mente.

Buda enseñó que no importa lo confundidos o engañados que podamos estar en un momento determinado, porque la naturaleza esencial y profunda de nuestro ser es clara y pura. Esto significa que «todos tenemos el potencial para desarrollarla» y alcanzar una percepción cristalina de lo que somos. Todos podemos ir más allá de la limitada y pobre visión que tenemos de nosotros mismos. En eso se basa la iluminación, en percibir en profundidad cuál es la verdadera naturaleza de la realidad y de nosotros como individuos.

La enseñanza de Buda, a la que llamó *dharma* o «ley de la naturaleza», era directa, rigurosa y realista a la hora de tratar la intranquilidad del corazón humano. «No ofrezco cuidados paliativos que dejan las enfermedades subyacentes bajo la superficie, enseño el camino que conduce a las raíces mismas donde están las causas más profundas de nuestros problemas para poder eliminarlas por completo. El enemigo es demasiado fuerte», decía. A pesar de que la razón fundamental de sus enseñanzas era conducirnos a la sabiduría que acabará definitivamente con nuestros pesares, esto no sucederá sin que antes no hayamos observado la condición de nuestra propia existencia. Para ello debemos dejar de ir a la deriva y prestar especial atención a las verdades más evidentes e ineludibles que tenemos frente a nosotros, y que tanto trabajo nos cuesta reconocer. A lo largo de este libro, las conocerás. La clave en la vida es la calidad de nuestra experiencia, nuestra capacidad de estar despiertos ante todo lo que sentimos, vivimos y sucede a nuestro alrededor.

LA NATURALEZA PURA DE NUESTRA MENTE

Experimentamos estados mentales que oscurecen nuestra mente hasta tal punto que hacen que perdamos el equilibrio, la capacidad de razonar para distinguir lo que está bien de lo que está mal y la capacidad de dirigir nuestras vidas con sentido y propósito. En cambio, contamos con otros estados mentales que nos aportan tranquilidad y satisfacción, aquellos que nos dan fuerza interior y confianza para afrontar con sabiduría los problemas de cada día sin tanto estrés y ansiedad, para que no perdamos el rumbo.

Como la naturaleza esencial de nuestra mente es pura, podemos eliminar lo que la oscurece y nos impide tener una percepción clara de lo que somos. Debes saber que, a pesar de lo que pueda parecer, ya somos seres completos. Nuestra sabiduría permanece potencialmente en nosotros desde siempre, aunque velada por los engaños y las aflicciones. Así que, como estos no forman parte de nuestra conciencia, se pueden eliminar, al igual que se puede eliminar la sal del agua marina por un proceso gradual de depuración.

Entonces, ¿cómo surgen los velos que ocultan la sabiduría primordial de nuestra mente y nos cubren de ignorancia? Los seres humanos somos muy complejos, y nos vemos enredados en conflictos y problemas. Al igual que tenemos impulsos positivos, como el amor, la amabilidad y la compasión, también tenemos tendencias nocivas, como la agresividad, los celos, la avaricia, la ira o el orgullo. Ya te adelanto que todo son experiencias de nuestra mente y que ni siquiera nuestras peores decisiones nos definen.

Somos una mezcla de luces y sombras, de cualidades y defectos, de éxitos y fracasos. Nadie es perfecto. Sin embargo, a veces nos sentimos tan abrumados por nuestras imperfecciones que no vemos nada bueno en nosotros. Muchas veces hemos pasado por experiencias complicadas que nos han hecho creer, con el paso del tiempo, que somos seres incapaces, sin apenas valor. Llevamos a cuestas muchos años de pensamientos erróneos que terminan por distorsionar la visión que tenemos sobre nuestra personalidad y el mundo que nos rodea. No nos damos cuenta de que las cicatrices son, en realidad, las marcas de nuestros logros. «Tú, tú mismo, en la misma medida que cualquiera en el universo entero, mereces tu amor y afecto», dijo Buda. Debemos tratarnos con bondad para no destruir la relación que tenemos con nosotros mismos. Si amar es querer a las otras personas con sus defectos y sus virtudes, ¿por qué no empezamos por amarnos a nosotros mismos?

También debemos saber que no somos un producto terminado y definido; somos seres inteligentes con unas cualidades muy especiales y vivimos inmersos en un proceso de evolución constante. Verse así nos ayudará a aceptarnos cuando nos sintamos frustrados porque no avanzamos lo suficiente. Calma. La perfección es inalcanzable y una fuente de insatisfacción personal. Es como participar en una carrera de obstáculos sabiendo que nunca llegarás a la meta. Si uno reconoce que es una obra en proceso jamás terminada —y que todos somos así—, verás con más claridad que las dificultades, de esos obstáculos, son parte de una fantástica travesía. No habrá más destino que el propio camino por recorrer. En eso consiste vivir.

Del mismo modo que las nubes pueden oscurecer por momentos la capacidad de iluminar del Sol, aunque sin impedir esa luz, las aflicciones y las emociones transitorias pueden oscurecer temporalmente, pero no destruir, la naturaleza esencial y clara de lo que somos en realidad. Podemos aprender a vivir de una manera más consciente e integrada en el mundo que nos ha tocado compartir con los demás. Es más, no solo estamos bien tal y como somos, sino que tenemos potencial para desarrollarnos y crecer. Como Buda, habrá que despertar.

LA LECCIÓN DE MI MAESTRO

Al igual que un espejo no se ensucia, no se altera, ni se ve modificado por las cosas que refleja, nuestra mente básica tampoco se ensucia, se altera o se ve modificada por nada de lo que surja en ella. Los pensamientos, los recuerdos, las emociones y los sentimientos de cualquier naturaleza tan solo le dan color. Su pureza no se ve alterada por ellos. Y al igual que el espejo no retiene la imagen que refleja, la mente no retiene nada de lo que aparece en ella. Los reflejos en nuestra mente son como nubes en el cielo, aparecen y desaparecen debido a causas y condiciones. Detrás de cada pensamiento, emoción o recuerdo existe una conciencia desnuda y pura que no puede ser manchada por el odio, los celos ni el orgullo.

Tengo un buen amigo, Gabi, que, siempre que salía a pescar a la playa de Bolonia (Cádiz), volvía a casa satisfecho por la pesca conseguida. Pero justo el día que me prometió que comeríamos un buen pescado juntos, regresó con las manos vacías. Mientras le animaba, le pregunté qué había pasado. Me dijo que el agua del mar estaba muy turbia debido a las corrientes y que, aunque él sabía que había peces que pescar, no podía verlos. En tu mente hay mucho que pescar, seguramente lo sabes, pero hay algo que te lo impide. Las aflicciones y los engaños son el lodo en el océano de nuestra mente, que limita que veamos con lucidez. Por este motivo cometemos errores. Cuando las aguas de un lago están turbias, no podemos ver el fondo. Tendríamos que esperar a que el lodo se asentara en el fondo para poder ver con claridad. En ocasiones, necesitamos salir de la oscuridad y conectarnos con nuestra luz.

EL VALOR DE LA CONCIENCIA Y DE LA CALMA PARA CONOCERSE

Hace años me hice unas preguntas en unas circunstancias muy especiales y no había motivos para no ser sincero conmigo mismo. Ahora te invito a que te las hagas tú: «¿Qué es lo que le da sentido a mi existencia?», «¿Cuáles son mis prioridades?» y, lo que es más importante, «¿Cómo quiero vivir?». Es imposible despertar si no somos honestos o sinceros con nosotros y con la vida que llevamos. Seguro que, en algún momento, al igual que yo, has tenido la sensación de que se puede vivir mejor y con mayor plenitud. Si es así, ¿qué te lo impide? Antes de ser monje budista pude comprobar que, cuando estamos inmersos en las actividades cotidianas, dedicándoles toda nuestra energía de la mañana a la noche, no queda espacio para darse cuenta de lo que nos falta para experimentar más alegría y satisfacción. Hay que parar y encontrar esos espacios personales. Resultarán indispensables en la transformación que te propongo en este libro.

Paso a paso, podemos disipar la neblina que oculta la esencia de nuestra verdadera naturaleza, y a medida que aumenta el aspecto de la claridad de nuestra mente, las emociones aflictivas y los engaños irán disminuyendo hasta eliminarse. Para conseguirlo, necesitamos una mente estable que no se distraiga. Sin embargo, si tienes este libro en tus manos, puede que tu estado actual sea justo el contrario. La inmediatez y la poca reflexión mandan en el mundo en el que vivimos. Llevar un ritmo frenético no ayuda. En este contexto, nuestra mente es como un péndulo que oscila entre la agitación y la apatía, pasando de un desequilibrio de la atención a otro, como la llama de una vela expuesta a las corrientes del aire. Nuestro ser auténtico surge de una mente equilibrada, pacífica, integrada y controlada. Desde la quietud mental, te será más fácil reconocerte. Si no, te resultará imposible.

Tenemos que ser más conscientes y seguir la vía del autoconocimiento. De entre todas las actividades que un ser humano puede realizar, quizá la más importante sea dedicar parte de su vida a conocerse a sí mismo, tarea nada fácil porque, una vez que se sabe cómo hacerlo, requiere tiempo, dedicación y una determinación muy firme. Sin huir y sin miedo de las propias sombras, y sin correr tras la claridad, porque lo primero nos puede paralizar y lo segundo nos puede deslumbrar. Nos acercamos y afrontamos ambas cosas como si de un amigo se tratara, para aprender a ver con nitidez, a soltar antes de perder, a aceptar y cambiar, a continuar con paso corto, pero firme y decidido. Así, libres de cualquier atadura, aparecerá el camino que debemos seguir. En ese instante sabremos qué es bueno para nosotros y para los demás. Te darás cuenta de que eres un territorio nuevo por explotar, lleno de riquezas y de sorprendentes hallazgos. Con demasiada frecuencia miramos hacia otros lados y nos olvidamos del lugar más importante: nuestro interior.

Los problemas no están fuera de nuestra mente, sino que son parte de ella, y es allí donde tenemos que mirar para solucionarlos. Al conocerte, el concepto que tendrás sobre ti cambiará y, al mismo tiempo, también podrás comportarte de otra forma y experimentarás la vida de una manera más provechosa. Luego es crucial que sepamos cómo funciona la mente humana —cómo piensa, su forma de reaccionar, sus hábitos y sus patrones establecidos—, porque en caso contrario iremos por el mundo creyendo de forma equivocada en nuestra valía y haciendo que la profunda raíz de las emociones aflictivas tenga espacio para crecer en nuestro interior. Conocer la naturaleza de nuestra propia mente será uno de los retos más grandes e importantes que nos podamos plantear.

«Con vuestros pensamientos creáis el mundo. Pensad y actuad con una mente impura y el sufrimiento os seguirá como la rueda de la carreta sigue al buey. Pensad y actuad con una mente pura, y la felicidad os seguirá como vuestra propia sombra», dijo Buda en el Dhammapada, el texto cumbre del budismo. Debemos recuperar la calma para no dejarnos embaucar por esos mensajes negativos y para que en ningún momento guíen nuestra existencia. Las creencias son profecías que terminan por cumplirse, así que debemos desterrar aquellas que nos oscurecen continuamente.

Estos pensamientos de Buda calaron de forma muy profunda en mí. En mi caso, por mi condición de monje, he tenido la suerte de contar con unos maestros maravillosos. Pero también es cierto que siempre existió en mí la semilla de la curiosidad. Una semilla que germinó mientras la alimenté con todos los conocimientos y las generosas herramientas que me brindaron. Deseo ayudarte a que esa semilla también germine en ti.

Buda asegura, al igual que la psicología positiva nos advierte en la actualidad, que únicamente nosotros somos responsables de lo que nuestra mente produce. Hay quien dice que debemos «pensar bonito»; otros, que nosotros somos capaces de moldear para bien y para mal las circunstancias de nuestro entorno. Ya verás, más adelante, la noción sobre el cambio y el control que dicta el budismo. Lo que sí puedo asegurar es que, si nos empeñamos en que nuestra vida sea un desastre, terminará siéndolo. Pero ¿y si creemos lo contrario?

El célebre psicólogo estadounidense Martin Seligman aseguró: «Los hábitos de pensamiento pueden cambiar. Uno de los hallazgos más significativos de la psicología en los últimos veinte años es que los individuos pueden elegir su forma de reflexionar». Por tanto, si adoptamos ese enfoque, todos podremos ser mejores de lo que somos en el momento presente. Ya poseemos un potencial extraordinario, solo que sin desarrollar. Imagínate un bloque de mármol en manos de un talentoso artista. ¿Cómo es posible que de él surjan imponentes esculturas? Una de las citas más célebres del genio Miguel Ángel, ante la belleza de una de sus obras, es: «La escultura ya estaba dentro de la piedra. Yo únicamente he debido eliminar el mármol que le sobraba». En todos y cada uno de nosotros hay algo maravilloso listo para ser descubierto.

Cada día debemos aventurarnos en el mayor proyecto vital: nosotros mismos. En nuestro interior sí hay un ser capaz de comprometerse en esa tarea, aunque tal vez no lo conozcamos. De hecho, son las personas conscientes y comprometidas, volcando su mente y su corazón, las que pueden cambiar el mundo. Pero antes tendrás que empezar por ti. Ningún objetivo importante se ha conseguido sin persistir.

CAPÍTULO 2

LOGRA LA FELICIDAD GENUINA

MI INFANCIA NO FUE FELIZ. Aunque no pasé dificultades, los acontecimientos que rodearon mi vida hasta que crecí y me independicé a los veintitrés años no favorecieron mucho la idea que tenía entonces sobre la felicidad. Pasé muchos años interno en colegios y, aunque conviví con otros compañeros, también viví largos momentos de soledad. Ya entonces empecé a reflexionar tímidamente sobre lo que quería en la vida y, cuando llegué a la universidad, comencé a gestar mis sueños: quería ganar dinero, trabajar por mi cuenta sin depender de nada ni de nadie para tenerlo todo y casarme con la mujer a la que quise desde que nos conocimos siendo unos críos, formar una familia y… ser feliz.

La verdad es que no tardé mucho en ir cumpliendo todos mis objetivos. Es cierto que experimenté instantes de felicidad, pero aun en los momentos que parecía estar bien, en lo más profundo de mí había un vacío que no lograba entender. La sensación de alegría era pasajera. Me di cuenta de que no solo me pasaba a mí, sino que también se reproducía en los demás. Así lo percibía con más claridad en las personas de mi entorno. Creo que no me equivocaba en mi deseo de ser feliz, y al igual que yo, no creo que nadie esté equivocado si mantiene ese deseo. Consciente o inconscientemente, todos buscamos estados de bienestar cada vez más elevados.

La felicidad es un gran reto. Quizá sea la palabra más pronunciada, oída y escrita junto con el amor. Según Aristóteles, la felicidad es el fin último más allá del cual nada deseamos, aquel hacia el que dirigimos todas nuestras acciones. El verdadero propósito de nuestra vida es ser felices. Todos deseamos la felicidad y todo lo que hacemos, desde que nos despertamos hasta que nos acostamos, incluso en sueños, es para ser felices. Por tanto, si es algo que va a determinar la calidad de cada instante de nuestras vidas, es fundamental que tengamos una idea más clara acerca de lo que es y de qué puede aportarnos mayor felicidad.

Desde el punto de vista del budismo, la felicidad no es meramente una sensación de placer, sino una sensación de profunda paz y realización interna. Se trata de un estado que impregna y subyace en todos los estados emocionales, y todas las alegrías y las penas que nos encontramos en la vida. Llegar a comprenderlo desde este punto de vista tampoco fue fácil para mí. A ojos de los demás, había cosechado el éxito con mi empresa, tenía dinero y una hermosa familia. «¿Por qué no pude ser feliz teniéndolo todo?», le pregunté a uno de mis maestros cuando me formaba como monje en el monasterio de Nalanda. «Hay varias razones para ello. Pero, sobre todo, porque se tiene una idea confusa sobre qué es la felicidad y, como consecuencia de esto, no sabemos dónde buscarla», me contestó. Uno de los dramas más grandes es que perseguimos la felicidad donde no está y esto nos crea desaliento y frustración, porque no encontraremos nunca lo que estamos buscando. Ya en el siglo VIII, el gran sabio indio Shantideva dijo: «Queriendo escapar de él, nos hundimos en el sufrimiento. Aspiramos a la felicidad, pero, por ignorancia, la destruimos como si fuera nuestro enemigo».

LA LECCIÓN DE MI MAESTRO

—Puedes transformar el universo entero en oro, y tener todas las cosas materiales de este mundo y disfrutar de sus placeres que, aun así, seguirías experimentando ese sentimiento de insatisfacción y vacío en lo más profundo de tu ser —me dijo el maestro Gueshe Lobsang Jamphel, abad del monasterio de Nalanda.

—Entonces, ¿qué tenemos que hacer para conseguir la felicidad que tanto deseamos? —le pregunté.

—Siempre la buscamos fuera. Pensamos: «Cuando tenga esto, seré feliz; cuando consiga aquello, seré feliz; cuando me desprenda de esto otro, seré feliz». Es decir, hay un sinfín de *cuandos* y consideramos que no seremos felices hasta que no los tengamos. Desde el principio, eso es lo que te planteaste para ser feliz: «Cuando tenga dinero, cuando tenga trabajo, cuando me case con la mujer que amo, cuando tenga mi casa, cuando tenga mi coche...». Si te das cuenta, la frase misma revela la causa de la destrucción de tu felicidad. ¿Cómo te sentías cuando no conseguías lo que querías? ¿O cuando perdías algo que habías logrado y que tanto esfuerzo te había costado conseguir? —me preguntó.

—Me frustraba y me enfadaba. Cuando empecé a hacer meditación con los monjes zen, mi actitud empezó a cambiar un poco. Ya afrontaba las cosas con más calma, pero me seguía afectando mucho cuando las perdía.

—Ahí tienes otra de las causas por la que te sentías mal. Pensabas que todo aquello que habías obtenido duraría y que sería para siempre.

LO MATERIAL NO TE DARÁ NUNCA LA FELICIDAD

¿Dónde busqué yo la felicidad? Únicamente fuera, en el mundo exterior, y me impliqué en ello con todas mis fuerzas. Luché para conseguirlo, dediqué mucho tiempo al trabajo —lo hacía a todas horas, incluso los fines de semana y los festivos— y deseaba que los días tuviesen más de veinticuatro horas y las semanas más de siete días. Siempre mantenía reuniones, comidas y cenas de trabajo interminables seguidas de más reuniones innecesarias. Entre tanto, me perdía la etapa más preciosa de mis hijos y no le dedicaba más tiempo a la mujer que decidió compartir su vida con la mía. Tampoco invertía tiempo en cuidarme a mí mismo. ¡Increíble! Cuántos errores cometí por ignorancia… ¿Por qué actuaba así? ¡Para ganar más dinero y tener más cosas! Creía que todos esos objetos materiales me darían la felicidad y reafirmaban mi identidad, incluso mi existencia.

Grábatelo. Ni el dinero, ni el poder, ni la fama, ni las posesiones que puedas conseguir son garantía de que la vida te resulte fundamentalmente más fácil, más llevadera y feliz. Nos enfocamos en tenerlo todo y, si algo nos falta, pensamos que es el fin. Igualmente, cuando las cosas van mal, cuando no salen como nosotros habíamos planeado o como hubiésemos querido que fueran, intentamos cambiarlas, pero volvemos a equivocarnos, porque nuestro control del mundo exterior es limitado, temporal y, a menudo, ilusorio.

Todas las experiencias de bienestar que existen pueden resumirse en dos tipos: el bienestar físico y el bienestar mental. Hasta ahora yo me había enfocado principalmente en lograr el primero, sin saber que este no es la fuente real de la felicidad. El bienestar físico depende del mundo externo, se experimenta a través de los sentidos y tiene varias características. Una de ellas es que no lo experimentamos hasta que no tenemos el objeto, y cuando el objeto no está, dejamos de sentir el placer que nos proporcionaba. Además, en el proceso para obtener lo que queremos, generamos ansiedad porque no tenemos la seguridad de que lo conseguiremos. El problema es que esto no tiene fin. Cuando conseguimos dicho objeto, la ansiedad continúa con el miedo a perderlo y, si finalmente lo perdemos, nuestro sufrimiento se prolonga. Tampoco sabemos que la riqueza consiste mucho más en el disfrute que en la posesión.

La felicidad que obtenemos a través de los sentidos está condicionada. Nuestro bienestar, nuestros trabajos, nuestros bienes, nuestras relaciones, nuestra belleza, incluso nuestra salud está condicionada porque dependen de muchas causas y condiciones, y no tenemos ningún control sobre ellas. Los objetos de los sentidos en los que ponemos nuestras expectativas son transitorios y, si basamos nuestra felicidad en ellos, experimentaremos sufrimiento tarde o temprano. Poner todo tu empeño en frenar el cambio, cuando es algo inevitable, será lo que te hará sufrir.

El budismo entiende que la fuente genuina tanto de la felicidad como del sufrimiento se encuentran en la mente y, por tanto, no podemos encontrar sus causas fuera de ella. Cuando comprendamos que esto es verdad habremos dado el primer paso hacia la felicidad natural no condicionada. Por tanto, si queremos realmente liberarnos del sufrimiento y del resto de los problemas que no deseamos, y alcanzar la felicidad, es fundamental que comprendamos cómo funciona nuestra propia mente y aquí es donde empieza el sentido de la meditación —del que te hablaré en profundidad más adelante—. Demasiadas veces hemos oído que la felicidad está en el interior. Si no se aclara esta sentencia, parece que para alcanzarla hay que abandonar todas las cosas que tenemos, nuestra casa, nuestro trabajo, nuestras posesiones, nuestra familia..., e irse a una montaña a buscar la felicidad dentro de nosotros para sentirnos completos. No es así. No hay que abandonar nada de lo que poseemos para poder encontrar el bienestar y la satisfacción que tanto anhelamos, y vivir vidas satisfactorias y llenas de sentido.

Yo mismo —tal vez como te pasa a ti ahora— tenía esa visión del mundo en la que el objetivo para mi realización personal se cumpliría cuando fuese capaz de poseer todo aquello que quería. Recuerdo aquella ansia por tener más y más que me llevaba a comprar cosas innecesarias. Estaba inmerso en la vorágine de consumir, claro síntoma de nuestra cultura orientada hacia el *tener* en la que el progreso se mide por la capacidad de acumular cuantas más cosas, mejor. Te confesaré algo: los coches eran una de mis debilidades. ¡Me encantaban! Aunque no tenía un Ferrari como el de aquel monje del famoso libro, sí conseguí tener el BMW deportivo que siempre quise. Conseguí el coche de mis sueños. Sin embargo, eso no fue suficiente para satisfacerme. Siempre que salía un modelo nuevo hacía todo lo posible por cambiar de vehículo. Si no tenía la última versión disponible, no estaba contento. Parece increíble lo mucho que ha cambiado mi vida desde entonces. Se es más feliz cuanto menos se necesita. Creo que la simplicidad es algo maravilloso.

Tener y disfrutar las cosas del mundo no es malo en sí mismo; es más, necesitamos algunas de ellas para vivir. Por descontado, todos debemos tener nuestras necesidades básicas cubiertas, y la sociedad tendría que poner todo su esfuerzo en que fuese así. Pero esto no es suficiente para alcanzar la felicidad que tanto anhelamos. Con los años aprendí que, si buscamos únicamente el bienestar en el mundo exterior, cualquier sensación de felicidad que podamos experimentar será pasajera, puesto que no hay nada que podamos tener que no podamos perder. Si vivimos únicamente en el nivel del mundo de los sentidos, ese será el origen de todos nuestros estados de inseguridad, ansiedad, soledad, vacío…, y también de la falta de propósito que a veces le encontramos a nuestra vida. Aquí está la respuesta a la sensación de vacío que tenía en el pasado a pesar de tenerlo todo. Confundía el placer con la felicidad.

En la historia de la humanidad ha habido seres excepcionales. Sabios y pensadores como Aristóteles, Pitágoras, Jesús, Lao-Tse y Buda reconocieron la existencia de otro tipo de felicidad. Ellos sabían que la felicidad mundana es agradable y, en algunos casos, necesaria para sobrevivir. Pero, a la vez, es muy insegura e incierta y, con el tiempo, nos conduce al malestar. Si centramos toda nuestra vida en ella estaremos perdidos. Cuando seguimos el camino de esta felicidad equivocada no experimentamos su resultado hasta lograr nuestro deseo. ¿Y después? Hemos podido comprobar el considerable progreso material que ha traído más comodidad para el ser humano. Sin embargo, ¿podemos afirmar que la felicidad se ha incrementado del mismo modo? Por sí solos, el progreso material y el control del mundo externo no pueden satisfacer todas nuestras necesidades, las insaciables necesidades del ego, ni resolver el resto de nuestros problemas emocionales.

Durante muchos años he estudiado, reflexionado y meditado los textos de filosofía y psicología de los grandes sabios del budismo indio y he tratado de asimilar las amplias explicaciones de mis maestros. Sé, porque así lo experimento a diario, que el bienestar genuino no es una sensación de placer, sino una sensación profunda de serenidad. Alcanzarlo es como despertar. La sociedad de consumo y la industria publicitaria se derrumbarían si la gente viviera plenamente despierta, porque no basaría su identidad en las cosas externas. Como diría el filósofo Erich Fromm en *Del tener al ser* (2007), si lo hicieses, «habrías abandonado una de las causas principales de los extravíos de tu conciencia».

Cuanto más busques la felicidad fuera de ti, más te alejarás de ella. Pero parece que tenemos que pasar por diversas desilusiones antes de toparnos con esta gran verdad. Muchas personas están convencidas de que no pueden encontrar la tranquilidad y la paz que buscan en ese mundo, y ante la imposibilidad que tienen para ver que hay otras fuentes de felicidad, terminan cansadas y deprimidas. Entonces se preguntan qué sentido tiene todo. Pues lo tiene, y mucho. La felicidad que podemos obtener del exterior es un pálido reflejo de la verdadera alegría. Cuando emprendemos el camino de su búsqueda genuina empezamos a experimentar el bienestar desde el principio.

LA LECCIÓN DE MI MAESTRO

—¿Cómo podemos ser felices? —le pregunté al Lama Gueshe Lobsang Jamphel.

—Conociendo la mente —me respondió.

—¿Y cómo podemos conocerla?

—Mirándola. Volviendo la mirada hacia dentro, hacia el interior; donde posiblemente no miraste nunca. De esta forma podrás comprenderte a ti mismo y comprender el mundo donde vives y enfrentarte a él de una forma distinta. Una mente disciplinada trae felicidad.

Uno de los más grandes maestros realizados, Dilgo Khyentse Rinpoché, dijo: «Es únicamente nuestra mente la que nos esclaviza o nos libera». Luego, no creo que sea necesario que insista en lo urgente que es conocer cómo funciona nuestra mente tanto para nosotros como por el bien de la humanidad.

LA VERDADERA FUENTE DE LA FELICIDAD GENUINA

La felicidad mental es una forma de ser que se alcanza al generar dentro de nosotros mismos un conjunto de cualidades muy especiales que no dependen de los sentidos. También podemos definir la felicidad como una saludable forma de ser, un estado mental que no viene solo de querer algo. La verdadera felicidad invade nuestras emociones y hace surgir todos nuestros recursos internos para afrontar los retos de la vida, en lugar de sentirnos vulnerables ante los pensamientos y las sensaciones destructivas, al encontrar circunstancias adversas como influencias negativas, palabras hirientes o críticas injustas, lo viviremos y aceptaremos todo con una actitud muy diferente.

Recordar un mal es como llevar una carga en la mente. Desprenderse de todo pensamiento negativo es imprescindible para alcanzar la felicidad. Cuando la logramos, paradójicamente, somos capaces de mantener este sentimiento de profundo bienestar incluso en la tristeza. Las personas que disponen de esa alegría saben que las emociones dolorosas son temporales y esta expectativa las libera de las experiencias desagradables. Debemos pensar en la felicidad como en una capacidad humana que ya poseemos. Cultivar nuestra mente resultará clave para que esta capacidad aflore y nos ayude ante la pena o el sufrimiento.

Mis maestros me advirtieron, desde el principio, que no podemos buscar la felicidad de una forma vaga, sino que debemos hacerlo con intensidad. Dentro de nosotros tenemos ese sentimiento de que cada momento de nuestra vida tiene sentido, de que la vida merece la pena ser vivida. «Miremos dentro —me dijo uno de ellos—. Miremos las condiciones internas, ¿acaso no son más fuertes? ¿No es la mente misma la que traduce las condiciones externas en felicidad y sufrimiento?», añadió. Sabemos por experiencia que podemos estar en un paraíso, y, aun así, ser completamente infelices. Cuando nos observemos a nosotros mismos, podremos comprender qué estados mentales nos aportan bienestar, paz y felicidad para poder nutrirlos; y cuáles son los estados mentales destructivos. Tal y como dijo su santidad el Dalái Lama: «Estuviste mirando mucho tiempo fuera, involucrado en el mundo, intentando cambiarlo según tus apetencias, observando y criticando a los demás. Ahora es el momento de volver tu mirada hacia dentro para ver qué sucede en las profundidades de tu mente y para que puedas comprender dónde están las raíces fundamentales tanto de la felicidad como del sufrimiento». La felicidad radica en la calidad de nuestra luminosa vida interior.

La felicidad genuina estriba en todo un grupo de cualidades humanas extraordinarias, como el amor, el altruismo, la compasión, la generosidad, la paciencia, la estabilidad mental y la sabiduría. De cultivar y desarrollar estados mentales positivos surge la fuerza interior de la confianza; esta desplazará a la inseguridad, la vulnerabilidad y la sensación de vernos invadidos por las emociones negativas. Todas estas cualidades juntas dan forma a nuestro *ser* y son la energía imprescindible para hacer frente a los retos que nos plantee la vida.

Es verdad que todos tenemos diferentes temperamentos y personalidades, que sobre nosotros pesan factores hereditarios, la influencia de los valores y la convivencia familiar, una socialización determinada y una historia de vida única. Pero, por otro lado, el potencial de la mente humana también pesa, como también qué vamos a hacer con ella. Nuestras cualidades humanas son increíbles, así que tenemos que desarrollarlas para experimentarlas en su mayor nivel y ser verdaderamente felices.

EL PODER DEL AMOR ALTRUISTA

De entre todas las virtudes innatas de los seres, la compasión es fundamental. Debemos comprender que desarrollar y aumentar nuestro amor altruista es la raíz de la verdadera felicidad. Los dos conceptos están profundamente enraizados. En realidad, las formas duraderas de felicidad no están relacionadas con uno mismo, sino con nuestra relación con los demás.

Para Lama Zopa Rinpoché, «si cuidamos de los demás, si trabajamos para su felicidad, estamos cuidando automáticamente de la nuestra. Tratar de hacer felices a los demás es la mejor manera de amarnos a nosotros mismos. De igual forma, si dañamos a otros seres, nos estamos perjudicando. Dañar a los demás no nos aporta ni paz ni felicidad, sino solo desdicha y dolor, ahora y en el futuro. Hacer felices a los demás es la mejor manera de ser felices; nuestra felicidad vendrá dada por añadidura. Las acciones que realizamos para la dicha de los demás tienen un efecto benéfico en nuestras mentes». Esta forma de ser y de obrar en consecuencia dejará huellas positivas en nuestra forma de pensar y, por ende, en el mundo.

Generar más consideración hacia el resto de la humanidad, querer que los demás sean más felices, es ser altruista. Te animo a que lo pongas en práctica en tu entorno más cercano. El altruismo es bueno para todos y una manera de mejorar la vida de cualquiera, hasta el punto de influir en toda la sociedad. Esta no es una idea utópica. Por ejemplo, si entrenamos la mente para tener en consideración el bienestar de los demás, disminuiremos nuestro egoísmo, que es lo que arruina el planeta donde vivimos al dejarlo sin recursos, ya que el futuro de las siguientes generaciones depende de la salud y del equilibrio de los ecosistemas.

De hecho, cuanto más nos dediquemos a los demás, más rápidamente brotará la dicha en nuestro interior. Pensar en los otros nos ayudará a nosotros mismos. Su santidad el Dalái Lama dice a menudo que amar y cuidar de los demás es el mejor modo de amarnos y de cuidar de nosotros mismos. Él lo llama *un egoísmo sabio e inteligente*, pues si amamos a los demás, si evitamos dañarlos y les ofrecemos todo beneficio, nuestros deseos de felicidad se verán plenamente realizados, tanto ahora como en el futuro. La base de la felicidad genuina es la compasión.

Ahora ya lo sabes: solemos confundir el placer con la felicidad y esto nos lleva a buscar la felicidad donde no está, dejándonos a lo largo del camino con una profunda sensación de agotamiento y desilusión. Pero ahora, por fin, podrás ver que la fuente real de lo que siempre hemos deseado todos se encuentra mucho más cerca de lo que pensábamos... ¡Aquí, en nosotros mismos! Es en nuestra mente, increíblemente profunda y llena de posibilidades, donde vamos a encontrar la paz que tanto anhelamos. Por eso, así como mis sabios maestros encendieron una lámpara para iluminar mi mente oscurecida por la ignorancia y hacerme ver el camino que me llevaría hasta la felicidad genuina, yo voy a tratar de hacer lo mismo por ti. Encenderé una luz en tu corazón para que te guíe hacia el destino al que esperas llegar desde hace mucho, demasiado tiempo.

Ya no hace falta que desperdicies ni un segundo persiguiendo una falsa ilusión. Ha llegado el momento de ponernos *mentes a la obra* para desenterrar el inmenso tesoro que hay en tu interior. ¿Comenzamos?

CAPÍTULO 3

TODO ESTÁ CONECTADO

¿CREES EN LAS CASUALIDADES? ¿Piensas que el que yo me ordenase monje o que tú estés leyendo ahora este libro es casualidad? Si es así, debes saber que nada sucede de forma aleatoria. Nada es *casualidad,* sino *causalidad.* Buda se dedicó a observar la realidad y aprendió de lo que esta le mostraba. Prestando cuidadosa atención a los eventos interiores, él encontró verdades que van más allá de la subjetividad y que hablan de la naturaleza que compartimos todos, desde el ser humano más inteligente hasta la hormiga más pequeña. Una de ellas es que todo resultado depende de una causa. Esta sencilla y, a la vez, profunda enseñanza es otra de las claves del budismo. De su comprensión depende que podamos avanzar en el camino hacia la transformación personal.

Todo está conectado, porque el universo está regido por la ley de causa y efecto. Esta afirmación tiene implicaciones que condicionan cada día, hora, minuto y segundo de nuestras vidas. La ley de causa y efecto es como el andamio que sostiene los cimientos de nuestra realidad. Nada funcionaría si esta ley no existiese. Según este principio, todo resultado depende de una causa. Pero no de una cualquiera, sino de una causa concordante con el resultado que va a producir. Te pondré un ejemplo muy sencillo. Si este verano queremos disfrutar de una ensalada fresca de tomate, meses antes tendrán que sembrarse sus semillas para que crezca una tomatera y luego podamos comernos sus deliciosos frutos.

Lo que es cierto para el mundo externo —el de nuestra rica ensalada— también se aplica para el mundo interno. Nuestras experiencias tanto de felicidad como de sufrimiento son resultados. «Zopa, ¿resultados de qué?», me preguntarás. Ahí está el quid de la cuestión. Muchas de las vivencias de sufrimiento que deseamos evitar, o las de felicidad que deseamos cultivar, son experiencias mentales y, por tanto, sus causas no se encuentran fuera de nosotros. Lo que deberíamos cuestionarnos es: ¿cuales son las causas que producen estados mentales de sufrimiento, y cuáles de felicidad? Identificarlas es crucial. Una vez que lo sepamos, podremos adiestrar la mente para eliminar las causas del sufrimiento y desarrollar la que nos proporcionan paz y bienestar.

Para usar la ley de causa y efecto a nuestro favor, no podemos perdernos en preocupaciones del pasado ni proyecciones de futuro, sino que debemos enraizarnos en el presente, ya que es en él donde podemos crear una nueva realidad. Anclarnos en sueños pasados no cumplidos y en grandes frustraciones nos perjudicará. Hay que avanzar y renovar nuestro espíritu desde el aquí y ahora. Cuando aprendes a manejar cualquier circunstancia, podrás usar las peores experiencias como abono para progresar en tu práctica. Serás capaz de ver todas las situaciones, tanto favorables como adversas, como enseñanzas para tu desarrollo.

NADA SUCEDE DE FORMA AISLADA

Al reflexionar sobre el curso de mi vida, puedo trazar una línea de sucesos que fueron los detonantes de mi ordenación, de mi aprendizaje en el monasterio y de que ahora esté escribiendo este libro para ti. Una tarde, años antes de iniciar el camino espiritual, mi íntimo amigo Paco, que es psicólogo, se acercó a su biblioteca y eligió un pequeño libro para mí. «Lee esto porque posiblemente pueda cambiar tu vida», me dijo al dejarlo en mis manos. Y tanto que lo hizo… Se trataba de *Las enseñanzas de don Juan,* del gurú y antropólogo Carlos Castaneda,[1] un libro que con

1 Ciudad de México, Fondo de Cultura Económica, 2022.

los años se convirtió en un fenómeno mundial. Si no llega a ser por mi amigo, aquel texto podría haber pasado desapercibido para mí. En cambio, el interés tan profundo que emergió en mí al conectar con el trabajo de Castaneda no fue simple casualidad, sino causalidad.

Leer cómo el indio chamán mexicano Juan Matus transmitía sus enseñanzas sobre el autoconocimiento, e ir un poco mas allá de nuestras percepciones ordinarias, despertó en mí la sed por adquirir esa sabiduría. Tan impactante fue lo que experimenté que, sin pensarlo dos veces, en el año 1996, junto a mi amigo Pepe Molina —un buscador de la verdad al igual que yo— tomamos un avión a México para asistir a un curso que impartían las tres compañeras de Carlos Castaneda; Florinda Donner, Carol Tiggs y Taisha Abelar. Nos apuntamos entusiasmados. En uno de los descansos, salimos a pasear y tuve la mala suerte (o no) de meter un pie sin querer en un pequeño desagüe que había en el suelo. Un hierro atravesó mi pierna. La herida fue tan profunda que tuve que ir al hospital a que me curasen, aunque después regresé decidido al curso. El susto que me llevé no iba a impedir que siguiese escuchándolas, aunque el dolor de la herida era intenso y tenía que salir de la sala con frecuencia. En uno de esos obligados descansos, me encontré con Florinda, que en aquel momento estaba sola fuera de la sala. Ella, percatándose de mi lesión, se interesó por mi estado y empezamos a hablar. Entre otras cosas, me preguntó con curiosidad qué buscaba en las enseñanzas de don Juan y qué esperaba encontrar allí con ellas. No me costó responderle: «Conocimiento», le dije. Al escucharme, inmediatamente me contestó: «Sin duda lo encontrarás». Luego, también hablamos un poco sobre la práctica de los sueños y otros temas muy interesantes. ¿Habría surgido en mí el fortísimo impulso de ir a México si aquel libro no se hubiera cruzado en mi camino? ¿Habría tenido la maravillosa oportunidad de intercambiar unas palabras con Florinda Donner si no hubiera tenido ese accidente lastimándome la pierna? Sé que no.

Ningún evento de nuestras vidas existe aislado de los demás. Yo, en aquellos momentos, desconocía el hilo conductor que me estaba guiando. Ahora, tras mi adiestramiento mental en el monasterio de Nalanda, comprendo que ante mis ojos se estaba desplegando la ley de causa y efecto.

Recuerdo la afirmación, tan contundente, de uno de mis maestros. «¿Piensas que eres monje por casualidad? Claro que no. La causa para serlo ya existía en ti», me dijo. Todo lo que he vivido han sido las condiciones para que, años después y sin ni siquiera imaginarlo, el camino me llevase a ordenarme como monje budista con su santidad el Dalái Lama. La semilla ya estaba en mi mente, y las causas y condiciones se fueron reuniendo hasta completarse. Así es como funciona la ley de causalidad. Florinda tuvo razón. Encontré el conocimiento que estaba buscando.

LAS VERDADERAS CAUSAS LAS CREAS TÚ

Ahora, piensa en la causa de la tan deseada felicidad. Tanto tú como yo hemos sentido esa sensación de satisfacción y plenitud que nace cuando ayudamos a una persona necesitada, cuando abrimos el corazón y perdonamos a un amigo que nos ha ofendido o cuando celebramos con regocijo el logro de un ser querido. Todas estas situaciones tienen algo en común: se viven con estados mentales virtuosos. No obstante, solemos creer incorrectamente que son las propias situaciones las que nos proporcionan esa sensación tan singular de alegría y paz. Por eso tratamos de repetir una y otra vez aquellas actividades que etiquetamos como deseadas, porque en el pasado nos sentimos bien cuando las hicimos. Pero puede que ya no sintamos lo mismo. ¿Por qué no encuentras satisfacción en aquello que una vez sí te la produjo? ¿Por qué ya no te hace feliz? Porque en tu caso estas situaciones nunca fueron las causas reales de tu bienestar. Solo sirvieron de condición para que la causa, que estaba dentro de tu mente, se activara y experimentases ese estado de paz interior.

Buda diferencia entre *causa sustancial* y *condiciones cooperantes*. Por ejemplo, la causa sustancial de la tomatera es su semilla. Es decir, la semilla contiene el potencial para que brote la tomatera. Sin embargo, por sí solo, el grano no dará frutos, sino que necesita de condiciones cooperantes, como una tierra fértil, una cantidad de agua apropiada, luz, etcétera. Por sí solas, estas condiciones no tienen el potencial de producir una tomatera, pero sí cooperan para que, si el potencial está ahí, esta pueda surgir. Lo mismo sucede con nuestras experiencias de bienestar y malestar. La causa sustancial de ambas se encuentra en la mente. Es decir, las semillas de la felicidad o del sufrimiento ya están presentes en ti. Las situaciones de la vida no son el motivo principal, sino que sirven solo de condiciones que cooperan. Una vez que comprendas esto y generes una visión más realista del funcionamiento de la mente, podrás afrontar los desafíos que te plantea la vida de forma más eficaz.

No sé si sabes que, a más de mil kilómetros del Polo Norte, en Noruega, la Cámara Global de Semillas almacena más de un millón de variedades, con el fin de preservar la agrobiodiversidad vital para adaptar los cultivos a un mundo incierto. Pues bien, allí permanecen las semillas sin dar frutos hasta que se encuentran con el resto de las causas: una buena tierra, el agua y el sol.

Durante muchos años de mi vida, no comprendía la ley de causalidad y culpaba a las personas o situaciones externas de mis dificultades. Recuerdo que cuando no me sentía bien con el trabajo, porque las cosas no salían como yo esperaba, enseguida reaccionaba con frustración y enfado. Mi mente se sumía en un remolino de negatividad y veía en el exterior la causa de todos mis problemas. Debes saber que nuestros estados mentales, sean agradables o desagradables, son el resultado de nuestra ignorancia y acciones previas. Si no somos conscientes de este proceso, volveremos a reaccionar de forma ciega y compulsiva y, posiblemente perpetuando el círculo vicioso al realizar nuevas acciones destructivas. En cambio, si sabemos cómo funcionan tanto nuestra mente como la ley de causalidad, no culparemos a los demás tan ligeramente como solemos hacerlo y también reaccionaremos con más control y serenidad ante las situaciones para romper de una vez por todas el ciclo de sufrimiento. Más adelante abordaré con más detalle las principales aflicciones mentales para que puedas ponerles cara y no las dejes entrar en tu vida nunca más.

EL KARMA NO ES TU DESTINO

La mente se asemeja a un río que fluye por diversos lugares, pasando por todos, sin quedarse en ninguno en particular. Por eso Buda lo llama el *continuo mental.* Y en esa corriente mental imparable es donde se van quedando gravadas las huellas o semillas de nuestras acciones físicas, verbales y mentales intencionadas. Son huellas que fructifican en nuestras experiencias cuando se dan las condiciones apropiadas.

Son estas acciones intencionadas las que se denominan *karma.* La palabra *karma* se ha usado popularmente como sinónimo de *destino* o *deuda cósmica.* Por ejemplo, cuando vemos que una persona está haciéndole daño a otra, decimos «ya le llegará su karma», como si fuese un tipo de castigo divino inevitable. O si a alguien siempre le pasan cosas malas, pensamos: «Vaya karma que tiene, el pobre». Todas estas acepciones son incorrectas, ya que no reflejan el verdadero significado de este concepto tan profundo.

Karma es una palabra sánscrita que significa «acción» y se refiere a la intención que hay detrás de los actos. Toda acción motivada por una intención mental es karma, y todo karma produce un resultado. Si la motivación está fundamentada en pensamientos constructivos como el amor o la compasión ayudamos a alguien. Esa acción dejará una huella en nuestra mente y, cuando se dan las condiciones necesarias, esa huella resultará en la ayuda que recibiremos cuando la necesitemos, y al hacerlo experimentaremos bienestar y paz. Si, por el contrario, el aliciente se basa en pensamientos destructivos, el resultado será de malestar y conflicto. Cuando actúas motivado por la avaricia, la envidia, el resentimiento, estás plantando semillas para experimentar dolor.

Para comprobar que esto es así, solo tienes que observar el efecto que produce en tu mente cualquier estado mental negativo; en ese preciso momento ya se produce una primera expresión de causa y efecto por el malestar que produce. Actos creados por estados mentales positivos como la generosidad, el amor, la compasión, la sabiduría, crean un estado de bienestar. En cambio, actos creados por estados mentales negativos como la ira, el resentimiento, el apego o las dudas aflictivas, crean un estado de malestar.

Esta ley tiene varias implicaciones en nuestra vida. Hoy realizas un acto y, en algún momento después, tendrás que experimentar sus resultados.

Toda acción produce una reacción y las motivaciones son claves. De ahí que el budismo haga tanto énfasis en la práctica de la meditación, ya que al observar la mente podremos determinar qué nos está impulsando a actuar de una determinada forma y podremos asegurarnos el mejor resultado. Actuar sin prestar atención a la mente es como jugar a la ruleta, nunca sabes cuándo vas a ganar y cuándo vas a perder. Muchas personas piensan que todo es cuestión de azar, cuando en realidad su fe en la casualidad se debe a su ignorancia de esta sencilla ley universal de causa y efecto. Como dice su santidad el Dalái Lama, «lo que algunos llaman *misterio,* yo lo llamo *ignorancia*».

Todos los fenómenos dependen los unos de los otros, es decir, existen de forma interdependiente. Olvídate de que el karma sea un sistema de castigo o recompensa o una fatalidad sin remedio. No hay nadie que mande en el universo y que ordene recompensas y castigos. El proceso natural de causa y efecto se produce en la corriente mental de cada ser, con ello nos dejó muy claro Buda cuál es el mejor camino para experimentar bienestar y evitar el dolor. Nuestra vida no está guiada ni por la suerte ni por las coincidencias; tampoco el karma va unido a la existencia de dioses encargados de hacerlo cumplir. El karma tiene que ver con la causalidad y, sabiéndolo, es responsabilidad nuestra que cuidemos de nuestra mente y nuestra motivación, porque nuestros actos intencionados siempre darán frutos. Por ello, ten esto muy presente: como dice Buda, «cada uno recoge lo que siembra».

Cuanto más consciente eres de esta ley más te das cuenta de la importancia de vigilar la intenciones que preceden tus actos. Para lo bueno y lo malo el karma nos condiciona. Si cultivas el amor y la generosidad experimentas su sabor al instante y, a la vez, haces que estos estados formen parte de tus estados mentales. Lo mismo ocurre en el lado negativo.

¿ERES CONSCIENTE DE TUS ACCIONES?

Si por ejemplo nos molestan los mosquitos y, por enfado, aversión y tal vez por nuestra ignorancia que piensa que está bien, los matamos. Ese acto de matar al mosquito es karma no virtuoso de matar, generado a partir de la causa de la aversión, y su resultado es la maduración en un sufrimiento futuro. ¿Qué pasa si vamos por el mundo pisando a quien sea a conciencia? Que estaremos acumulando karma negativo en nuestra vida.

¿Puedes evitar experimentar el resultado de tus acciones negativas pasadas?

Sin duda. Como hemos visto anteriormente, *karma* no significa *destino* ni predeterminación. Si estamos atentos y somos conscientes de nuestras acciones, podemos elegir. Si somos negligentes y pensamos, decimos o hacemos cualquier cosa que se nos ocurra a ciegas, entonces no estaremos utilizando nuestra capacidad de elección.

Una de las principales lecciones del budismo y de mi vida es «no realices ni una sola acción dañina; practica la virtud; domina tu mente». Esta es la enseñanza de Buda. Puesto que no deseamos sufrir lo más mínimo, tenemos que evitar crear incluso las acciones negativas más pequeñas.

Todos hemos cometido errores de los que más tarde nos arrepentimos. No obstante, esto no significa que estemos irremediablemente condenados a experimentar los resultados de esas acciones. Si se planta una semilla en la tierra, finalmente crecerá, a menos que sea eliminada. Mientras tanto podemos retrasar su crecimiento privándola de agua, de luz y de fertilizantes. De la misma manera podemos purificar nuestras acciones negativas, y así no tendremos que experimentar resultados indeseados. Es algo que se lleva practicando desde hace siglos y no crear ninguno más es algo que puedes hacer ahora mismo recordando los resultados de las acciones destructivas pasadas, aceptando con honestidad que no fueron una forma adecuada de afrontar la situación en aquel momento y comprometiéndote a no volver a cometerlas de nuevo. Es fundamental ser consciente de nuestros patrones de conducta nocivos para que podamos identificarlos y transformarlos en actitudes más saludables. Solo así no experimentarás el resultado de tus acciones pasadas y dejarás de crear sufrimiento en el futuro.

Del mismo modo, puesto que deseamos ser felices, es importantísimo crear tanto karma positivo como sea posible, siempre que se presente la ocasión. Tenemos que aprovechar cualquier oportunidad para «crear» méritos. Todos los pasos que des —aunque parezcan poca cosa— serán importantes. Infinidad de gotas pueden llenar un gran recipiente. Así pues, no debemos pensar que las acciones pequeñas sean inútiles. Intenta acumular tantos méritos positivos como puedas. Recuerda que todos los gestos cuentan. Hay que poner todo nuestro corazón (y conciencia) en cualquier cosa que hagamos.

Pero, cuidado: una minúscula chispa también puede incendiar todo un bosque. No pienses que los pequeños actos negativos no traen resultados. También tienes que poner toda tu energía en evitarlos. Si odias, envidias o deseas el mal ajeno, estás creando un escenario negativo que se volverá contra ti. Recuerda que todo está conectado. ¿Has lanzado alguna vez un bumerán? Si buscas perjudicar a alguien acabarás por ser tú la persona dañada.

El pensamiento cobra gran importancia para el karma, ya que es el origen de nuestras acciones. Si piensas bien, actuarás bien. Y si actúas bien, esa acción terminará por recompensarse.

Puesto que no solemos prestar atención a la ley de causa y efecto, creemos que una vez que hemos pensado, dicho o hecho algo no deja rastros en la mente, lo cual sería como lanzar una piedra al agua y esperar que no se creen las ondas en su impacto. Cada estado mental, cada acto que repites se vuelve cada vez más fuerte y crea la predisposición hacia este tipo de comportamiento. «Cada uno de nosotros está compuesto de un esquema de personalidad personal e intransferible y es el resultado de la suma de tus propios actos, conscientes o inconscientes. Una buena comprensión de esta ley te alentará para hacer que cada instante de tu vida venga precedido por estados mentales positivos y no por los negativos. Esto sería la práctica de la ética», explica el maestro Isidro Gordi en *Samatha y Vipasana*.

Entender esta ley es la base para despertar la sabiduría que sabe que los actos que realizamos producen libertad y felicidad o esclavitud y dolor. «Cuando lleguemos a comprender profundamente la naturaleza de nuestros problemas y las causas que los producen es cuando pondremos toda nuestra energía en apartarnos de cualquier acto negativo e implicarnos en actos positivos», añade Gordi.

EL PODER DE VER EL LADO BUENO DE LAS COSAS

Ver el vaso medio lleno o medio vacío no solo es una forma de concebir la vida. Con esa actitud aprovechas positivamente una de las características propias de nuestra psicología: la de etiquetar la realidad. Mi maestro Lama Zopa Rinpoché contaba la siguiente historia en la obra *Virtud y realidad*.[2] Una vez, en Tíbet, un par de monjes regresaron a su monasterio después de un largo y penoso viaje. Para darles la bienvenida, su maestro les ofreció té frío. Uno de los discípulos pensó: «¡Grande es la bondad de nuestro maestro! Él sabía que teníamos sed y calor, así que intencionadamente nos ha ofrecido té frío». El otro monje pensó: «Qué tacaño y perezoso es este maestro. Ni siquiera ha sido capaz de ofrecernos té caliente». Sintiéndose molesto y enfadado, este segundo monje se destruyó a sí mismo. No había beneficio alguno en su modo de pensar, ni para él ni para su maestro. Pero el primer estudiante, con su mente positiva, se sintió feliz, hizo feliz a su maestro, apaciguó su mente y, puesto que el té había sido ofrecido por su gurú, acumuló mucho mérito. La acción —ofrecer té frío— era la misma. La diferencia estaba en el modo en que los dos estudiantes interpretaron esa acción. Uno de ellos la etiquetó como positiva y se sintió feliz. El otro la etiquetó como negativa y se creó un problema.

2 Novelda, Dharma, 1999.

Nuestras mentes están constantemente fabricando etiquetas que afectan a nuestras vidas. Dependiendo de la etiqueta, experimentamos sensaciones agradables, desagradables o neutras. Así funciona nuestra vida las veinticuatro horas del día. Este hecho no niega que existan situaciones que puedan ser realmente difíciles y nos cueste ver el lado bueno. Sin embargo, ninguna situación es unidimensional, sino que está formada por muchos aspectos distintos. La gente que suele aplicar etiquetas positivas experimenta felicidad. La gente que aplica etiquetas negativas experimenta sufrimiento. «La práctica del *dharma* es lo único que puede eliminar o evitar el karma negativo que nos obliga a etiquetar las cosas de un modo negativo, creando con ello nuestro propio sufrimiento», afirma Lama Zopa Rinpoché.

Tu mente tiene la llave de la felicidad y del sufrimiento. Todo depende de la manera en que la utilices. Tu modo de pensar determina lo que vas a experimentar y las acciones que llevarás a cabo. Tenemos la posibilidad —o más bien la responsabilidad— de crear todo aquello que queremos que nos rodee y que forme parte de nuestro entorno. Si quieres cosas buenas, piensa y actúa en consecuencia.

PRACTICA EL BUEN KARMA PORQUE LA VIDA ES UN REFLEJO DE TUS PROPIAS ACCIONES.

CAPÍTULO 4

VALORA TU VIDA Y AFRONTA EL CAMBIO

LA VIDA QUE TÚ Y YO POSEEMOS ES UN TESORO. Es indescriptiblemente valiosa porque nos ofrece un sinfín de posibilidades para ser felices. Vienes a este mundo con todo lo necesario para vivir en paz y florecer. A diferencia de lo que has creído siempre, no necesitas nada de fuera para conseguir lo que realmente estás buscando. Para muchos, resulta sorprendente que nuestro mundo interior sea el botón que enciende la verdadera felicidad. Es como si siempre hubieras vivido bajo la tiranía de la pobreza cuando siempre tuviste un tesoro enterrado bajo tu propia casa. ¡Cuánto sufrimiento en vano! ¿Verdad?

Por otro lado, si bien el valor de la vida es inmenso, esta no dura mucho. De hecho, dura muy poco. Fíjate en la esperanza de vida en todo el mundo.

Aunque la esperanza de vida ha mejorado a nivel global, sigue existiendo mucha desigualdad. Tampoco existe garantía alguna de que vayamos a vivir todo lo que marcan las estadísticas. El tiempo que tienes, no importa cuánto sea, es lo único que, una vez que ha pasado, no puedes volver a recuperar. Cada instante es único; no existe otro igual y cuando este se desvanezca, nunca más regresará. «Nuestra vida es como un relámpago en una noche oscura, no dura más que eso», decía el maestro Dilgo Khyentse Rinpoché. Cada día deberíamos reflexionar sobre cómo disponemos de una vida maravillosa y efímera. Tendríamos que sentir muy fuerte dentro de nosotros la sensación que este pensamiento nos despierte.

El gran maestro indio Shantideva dijo: «Ahora que has encontrado la barca para cruzar el río del sufrimiento, no es cuestión de que pierdas el tiempo en cosas pueriles e inútiles, porque no sabes cuándo la volverás a encontrar». En general, todos tenemos la sensación de que nuestra existencia es muy larga, pero este pensamiento es muy peligroso, porque hará que perdamos el tiempo sin apenas reparar en ella. Cada día tendrías que decirte al despertar: «Mi vida es muy valiosa. En cualquier momento la puedo perder, no sé cuándo ni cómo». Lejos de lo que pueda parecer, solo esta reflexión te hará sentir bien. Si no olvidamos este mensaje y reflexionamos sobre él, vivir se volverá más fácil. Habrás comprendido que es un don bastante escaso y temporal que el universo te regaló.

El reloj de la vida mueve las agujas muy rápido. No se detiene para que tomes aliento y encuentres lo que te oculta la maleza de tu propia ceguera. Este particular reloj no parará para que puedas abrirte camino entre ilusiones y obstáculos hasta alcanzar tu destino más elevado. En cambio, a menudo malgastamos el tiempo porque estamos inmersos a diario en un ritmo frenético, infructuoso y, a veces, absurdo. Cuando eres plenamente consciente de que el tiempo se te escapa como el agua entre las manos, abandonarás lo superfluo, abrazarás lo realmente importante y te volverás más libre de la existencia condicionada que te encadena a una vida sin sentido, entonces no retrasarás tu felicidad ni un solo segundo.

No te digo esto para deprimirte, más bien al contrario. La naturaleza efímera de nuestra existencia nos recuerda la importancia de hacer un buen uso de cada instante vital. Y ¿cómo se le da buen uso a la vida? Aprovechándola para ser felices, este ha sido y es el verdadero propósito de todos los afanes humanos. No existe otro propósito más que ese. Evitar el sufrimiento y experimentar bienestar es el deseo innato de cada ser, independientemente de lo grande, pequeño o inteligente que sea. Ese anhelo subyace en cada una de nuestras acciones, aunque no seamos conscientes. Para empezar a aprovechar este inmenso tesoro debes preguntarte: «¿Qué es lo que me impide vivir con alegría?». Hacernos preguntas de este tipo nos da vértigo, porque nos invitan a cuestionar las estructuras que nos han sustentado hasta entonces: nuestras ideas y creencias, prejuicios, hábitos, expectativas y miedos, etc. Sin embargo, te animo a que las afrontes con valentía y seguridad, porque las respuestas a las que llegues te abrirán la puerta de una existencia plena. Y ¿no es eso acaso lo que quieres?

Lo primero que debes asumir es que nada es permanente. Todo cambia de manera constante. Mientras vivamos estaremos sujetos a la naturaleza de la ley de la transitoriedad. No olvides nunca que nada en este mundo es permanente. Como dicen los sutras o enseñanzas budistas:

Todo lo que nace morirá.
Todo lo que se ha unido acabará separándose.
Todo lo que se ha acumulado se extinguirá.
Todo lo que ha ascendido acabará descendiendo.

Esta norma vale para todo: para nosotros, nuestro cuerpo y nuestros estados mentales, y para lo que sucede en nuestro entorno y nos ofrece —o creemos que nos quita— la vida.

La naturaleza cíclica del universo está estrechamente ligada con la transitoriedad de todas las cosas, fenómenos y situaciones. Esta es una de las enseñanzas centrales y más importantes de la filosofía budista, y una de las primeras que estudié. Nuestras experiencias y condiciones vitales son altamente inestables, y están en un constante flujo. Nuestro cuerpo, nuestra mente y el mundo a nuestro alrededor cambian constantemente. Aunque no lo percibamos, las células de nuestro cuerpo se están deteriorando y regenerando ahora mismo. La sangre fluye por nuestras venas. Nuestro corazón palpita y bombea esa sangre en un flujo continuo. La inhalación cesa para dar paso a la exhalación en un ciclo que solo la muerte física puede frenar.

Los árboles que sirvieron para producir las páginas de este libro que tienes en tus manos ya no existen. Las flores florecen y se marchitan para dar paso a la siguiente generación. El agua de los ríos y mares va y viene fluyendo sin cesar. Las personas nacen, envejecen y mueren. Todo está en constante movimiento. Esa es la naturaleza del mundo y de los seres que lo habitamos. No existen excepciones.

La metáfora del río nos ayuda a comprender esta cualidad de la existencia que no solo ha desarrollado el budismo. El filósofo de la antigua Grecia Heráclito fue famoso, entre otras cosas, por afirmar que el cambio constante es la esencia fundamental del universo. «Ningún hombre pisa dos veces el mismo río», sentenció. El río que vemos nunca es el mismo, lo parece, pero no lo es, es un continuo cambio, un continuo fluir, es impermanente. «Todo fluye, nada permanece», aseguró también el mismo pensador. De hecho, nosotros tampoco somos los mismos cada vez que pisamos la orilla de ese río.

Mi primer encuentro con la transitoriedad vino a partir de una desgracia que terminó convirtiéndose en una revelación para mí. Corría el año 1983. Una tarde de verano, mientras estaba en mi oficina, escuché el sonido de muchas sirenas de bomberos. Aquel ruido y una sensación de alerta me sacaron del embelesamiento del trabajo, así que decidí parar. Se había hecho tarde y pensé que sería una buena idea dar un paseo con mi familia. No es que tuviera un presentimiento, pero sí experimenté una extraña desazón. Cogí el coche, aparqué y al encontrarme a un vecino, este me gritó: «¡Manuel, es tu casa la que se está quemando!». En ese momento, el miedo y la ansiedad se apoderaron de mí, pero en lugar de paralizarme, me hicieron subir las escaleras del edificio a una velocidad descabellada. Mi corazón palpitaba desbocado, como si me fuese a atravesar el pecho. Solo pensaba en mis hijos y en mi mujer. Antes de llegar a la puerta, alguien me agarró por detrás y tiró de mí con fuerza. «Tranquilo, tu familia está bien. Están en casa de un vecino, ve allí con ellos. ¡Corre!», me dijo un bombero. Cuando los vi, aquel estado de nerviosismo se mezcló con una emocionante alegría, pero también con la incertidumbre.

Del interior de la casa, lo perdimos todo. Hasta la propia casa. Nos quedamos literalmente con lo puesto: la ropa que vestíamos. Pero, a la vez, me sentí tremendamente afortunado por tener a mis hijos y a mi mujer a mi lado. A pesar de la sensación de vacío y la frustración que causó en nosotros no conservar nada de lo material que poseíamos, conservábamos lo más preciado: nuestras vidas. Este suceso me demostró varias cosas. Aquel día era festivo, pero decidí trabajar en lugar de pasar un rato con los míos. Me arrepentí por ello. De alguna manera, el incendio me hizo ver la prioridad de vivir el momento presente y destinar más tiempo a mi familia. Hoy puedo decir que experimentar la ley de la transitoriedad de esta forma también fue una oportunidad para mí.

Concebimos el mundo que nos rodea y a las personas que lo habitan como permanentes y estáticas. A pesar de que podemos entender que las cosas cambian, preferimos aferrarnos a la idea de que son permanentes. La prueba de esto reside en nuestras respuestas cuando se acaba una relación, perdemos un trabajo, muere un familiar o nos diagnostican una enfermedad. Algo que no esperamos puede sorprendernos, pero si fuésemos conscientes de la naturaleza transitoria de nuestras vidas podríamos gestionar esas circunstancias, que, si bien son desafiantes, con mayor aceptación y sin tanto desasosiego, miedo, estrés y ansiedad.

Pensamos que la vida es como un bloque sólido que podemos poseer. Sin embargo, por mucho que insistamos en añadirle pronombres posesivos delante, como «*mi* vida» y «*tu* vida», la vida es absolutamente efímera. Además, debido a que todo cambia, todo se renueva. Siempre hay algo que va y algo que viene en nuestra existencia. Al no ser la vida una posesión personal independiente y separada de la de las demás, no puedo hacer con ella lo que me plazca y controlarla a mi antojo.

ATIENDE EL MOMENTO PRESENTE PARA FLUIR CON LA VIDA

Hay momentos en los que las cosas nos irán bien, y momentos en los que no. La prosperidad puede dar paso a la pérdida, y viceversa. Cuando llegan esos momentos en los que las cosas cambian y la vida no nos sonríe, tenemos que dejar ir para que surjan cosas nuevas, nuevas oportunidades, hay que dejar espacio para la transformación. Si cuando llegan esos periodos nos aferramos y nos resistimos al cambio, estamos evitando fluir con la vida, y entonces sufriremos. Atender el momento presente ayuda a apreciar la vida mientras sucede. Nos evita la agonía de pensar en lo que pudo haber pasado o sucederá. Simplemente, nos regresa al presente, nos guste o no.

Tampoco tenemos la completa certeza de que lo que estamos viviendo sea el mejor o el peor momento de nuestra vida. Puedo decirte que esto son solo juicios que hacemos sin basarnos en algo sólido y coherente. Nunca sabrás qué es mejor para ti hasta que no llegues al final del camino. Lo mejor es fluir con el cambio porque, en realidad, no tienes otra opción si deseas avanzar. Tu actitud mental va a definir lo que a continuación será tu vida, y solo dependerá de ti, de nadie más.

A menudo los fracasos, las pérdidas o un profundo dolor nos acercan a nuestra dimensión espiritual y nos hacen crecer y desarrollarnos en esa dimensión. También, a veces, nuestros éxitos y triunfos se vuelven vacíos y sin significado, y se convierten en fracasos; en otras ocasiones, son nuestros fracasos los que nos hacen llegar al éxito. De modo que podríamos decir que en el éxito se esconde el fracaso y en el fracaso se esconde el éxito. También nuestra energía física está sujeta a altibajos, a veces nos sentimos llenos de energía y en otras ocasiones somos incapaces de dar un paso. Habrá periodos en los que nos sentimos muy activos y creativos, pero en otros nos parecerá que estamos estancados, que no llegamos a ninguna parte y no logramos nada. Es muy habitual que, cuando luchamos contra algo o experimentamos algún revés, demos por hecho que algo está mal en nosotros o en la vida en general. Te propongo que cambies el enfoque. Experimentar momentos «altos» y «bajos» es parte natural de la vida. Si estás pasando por un periodo difícil, en lugar de empeorarlo tratándote tan mal, piensa que no siempre te sentirás así y que te encontrarás mejor si dejas de juzgarte por esta mala racha, te lo aseguro. Ya lo veremos cuando te hable de las perturbaciones mentales y el sufrimiento. Culpabilizarse no te llevará a nada.

Todo en la vida es para todos. No hay nadie que no experimente emociones negativas, pérdidas o un bache en cualquier parte del camino. No se trata de consolarse con lo mal que les irá a los demás, sino en pensar que no somos las únicas personas con dificultades. Agradecer lo que poseemos ahora nos entrenará para valorar lo bueno que esté por venir. ¿Que lo que anhelamos tarda en llegar? Uno de los grandes logros es que habrás crecido durante el proceso.

No siempre nos sentiremos confiados, tristes o culpables; no siempre estaremos bien, pero si enfocamos la vida desde este punto de vista —creer en nosotros y tener fe en nuestra verdadera naturaleza y potencial— lograremos transformar nuestra experiencia y, a la larga, encontrar nuestro camino a casa. Cada uno de nosotros tenemos una luz poderosa para crear el bien.

No pienses que los cambios que llegan y no te gustan no volverán a producirse nunca más. Por ejemplo, la depresión o la ansiedad se repiten con frecuencia en la vida de algunas personas. No hay que esconderlas ni huir de ellas. La clave será buscar ayuda profesional para poder manejarlas de la mejor manera posible.

ACEPTA EL CAMBIO PARA DECIR «SÍ» A LA REALIDAD

Mientras experimentes algo como bueno, ya sea una relación, una posesión, una situación social, un lugar, o tu propio cuerpo físico, la mente tenderá a apegarse a eso. Se identifica con ello porque siente que le hace feliz, que te hace sentir bien contigo mismo, y que puede formar parte de lo que tú eres o de lo que tú crees que eres. Pero nada dura en esta dimensión: termina, cambia o sufre un cambio de polaridad, es decir, la misma condición que era buena ayer se vuelve mala de repente, la misma condición que te hizo feliz ayer, te hace infeliz hoy. La prosperidad de hoy se vuelve consumismo vacío de mañana; el matrimonio y la luna de miel tan felices pueden convertirse en el divorcio o en una convivencia desdichada en el futuro.

Cuando nos apegamos a una situación o condición con la que nos hemos identificado y esta cambia o desaparece, no lo aceptaremos porque estamos aferrados a ello y no queremos que cambie esa situación. Esta reacción nos causará mucho dolor, es como si nos arrancaran algo de nuestro cuerpo. Sufrimos mucho por nuestra resistencia al cambio, por creer que algo puede existir para siempre. ¿Qué estamos haciendo?

Escapar continuamente mientras nos oponemos a algo que Buda descubrió hace más de 2.500 años.

Buda explicó que todo lo que existe condicionado por otras causas y circunstancias es transitorio. A su vez, todo lo que es transitorio cambia instante a instante sin perdurar. Pongamos el ejemplo de un brote. ¿De qué depende su existencia? Un brote depende de una semilla —su causa— y de condiciones ambientales adecuadas, como la tierra fértil, el sol y el agua. Un brote no puede existir sin esas causas y condiciones. La realidad no está hecha de entidades aisladas, sino que todo está profunda e íntimamente interconectado. La interdependencia tiene muchos niveles. Todo lo que sucede surge en dependencia de algo, depende de diversos factores o causas.

La causalidad ha sido siempre una teoría fundamental del budismo, desde sus orígenes, ya sea para hablar del sufrimiento o de cómo se conforma la realidad, siempre dinámica. Para Buda, «dado esto, ocurre aquello». Esto significa que nada sucede debido al azar ni casualmente. Para esta tradición, nada llega a la existencia, permanece en ella o sale de ella sin la intervención de una o muchas causas. Todo es dependiente. La necesidad de una pluralidad de causas o condiciones para el surgimiento de algo es afirmada en los textos de muchos maestros.

Todo lo que he aprendido como monje puedo resumirlo en una frase: «Todo lo que surge se desvanece». Con el tiempo he aprendido a no ofrecer resistencia a lo que sucede, he aprendido a dejar ir, a *ser* en el momento presente y a aceptar la naturaleza transitoria de todas las cosas. No me resisto a la vida, y esto no quiere decir que no sienta las emociones dolorosas cuando se presentan, pero con esta actitud he encontrado un poco de paz y tranquilidad para vivir en el mundo. Ese estado, al que todos podemos llegar, ya no depende de que las cosas sean buenas o malas, o de que la vida vaya unas veces hacia arriba y otras hacia abajo. Cuando interiormente te desprendes de toda forma de apego a las cosas, a las personas, a las condiciones de tu vida, lo puedes mantener todo, lo puedes disfrutar todo y tu vida empieza a ir mejor. Parece paradójico, ¿verdad?

De esta forma, las cosas, las personas o las condiciones que necesitabas para tu felicidad llegan ahora a ti sin esfuerzo, y además te sientes libre para gozar de ellas y apreciarlas mientras duren. Todas esas cosas seguirán sus ciclos, irán y vendrán, surgirán y desaparecerán, pero en ti ya no hay temor a la pérdida ni a los cambios, no tienes expectativas y, por tanto, tampoco frustración ni miedo, y tu vida fluye con naturalidad y sencillez.

A pesar de que la naturaleza de las cosas sea la transitoriedad, cuando lo entendemos, lo aceptamos y lo integramos en nuestro interior, le decimos «sí» a la realidad. Entonces, soltamos ese lastre y fluimos para ser activos, disfrutar y crear nuevas circunstancias y proyectos sin que nuestras vidas se paralicen, comprendiendo que no los necesitamos para sentirnos completos, comprendiendo que no son nuestra vida por entero, sino que son solo situaciones de nuestra existencia. Cuando no nos apegamos a las cosas, a las personas o a las situaciones, cuando no nos identificamos con los aspectos de nuestra mente y dejamos que todo surja y desaparezca aceptando todo tal cual es, siendo totalmente conscientes de que todo es transitorio, de que todo va y viene, y todo está en cambio constante, podemos permanecer en paz en todo momento.

Los últimos años han sido ejemplares a la hora de mostrarnos la naturaleza de la transitoriedad. En un mundo globalizado donde los lazos de interdependencia se estrechan cada vez más, podemos ver cómo ninguna persona puede ya vivir ajena a lo que sucede en otras partes del planeta. La pandemia ha sido un claro ejemplo de esto. Antes de la actual era de la digitalización global, podíamos sostener más fácilmente la ilusión de aislamiento, permanencia y solidez de la realidad. Ahora no solo es más difícil, sino que es irrisorio y contraproducente. El mundo se está manifestando como realmente es, totalmente interconectado, siempre cambiante y transitorio.

SI TE RESISTES AL CAMBIO, TE RESISTES A TI MISMO

El problema no es el cambio, sino nuestra resistencia a que las cosas cambien. Esto es problemático, porque si el mundo y la vida son efímeros y yo rehúso aceptarlo, estoy rechazando el mundo y la vida tal y como son. La transitoriedad es nuestra naturaleza y es imposible evitarla. Si vives oponiéndote al cambio, vives rechazándote a ti. Esto es algo que sucede con frecuencia y es una actitud muy humana de la que no somos conscientes.

No obstante, podemos aprender a utilizar las ventajas que la transitoriedad nos proporciona. El cambio es transformación, así que, gracias a él siempre tenemos una segunda oportunidad. Piénsalo. Si cometimos un gran error es posible redimirse con un segundo intento. El cambio siempre nos regala nuevas posibilidades, aunque tenemos que saber utilizarlo para nuestros propósitos. El cambio es el camino para alcanzar el estado de libertad y la fórmula para convertirse en una persona feliz. Nadie tiene la posibilidad de no cambiar, pero podemos elegir cómo queremos hacerlo. El uso que hagamos de él depende exclusivamente de nosotros, de nadie más. Será la actitud que adoptemos la que dará dirección a nuestra vida, y es nuestra responsabilidad orientarla en la dirección correcta. Si no estamos en armonía con la realidad, no podremos ser felices. Es imposible. Es como querer pasar por una calle tapiada por un muro. Si niego la presencia de lo obvio y trato de atravesar ese bloque de piedra, chocaré y me haré daño. Eso mismo sucede cuando trato de oponerme a los cambios: entro en conflicto con la realidad.

Negar la verdad puede resultar doloroso e incómodo. Y la verdad es que todo cambia, queramos o no. Si empiezo una relación con alguien y esa persona me deja, caigo en la tristeza. Cuando me llama mi jefe para despedirme de mi puesto de trabajo, me enfado. Cuando niego que mi cuerpo está envejeciendo y comienzan a salir arrugas y canas, que mi físico se deteriora y las enfermedades relacionadas con la edad empiezan a aparecer, me asusto como si me estuviese pasando algo extraño que no esperaba. ¿Te suenan algunas de estas reacciones?

Basamos nuestra noción de *seguridad* en una falsa apariencia de permanencia y solidez de la realidad. Por eso nos encanta crear rutinas y hábitos que podamos repetir a diario. Así, creemos que podemos tener el control y que las cosas no cambiarán si uno no quiere. Además, muchos mensajes nos sugieren permanencia y eternidad. Por ejemplo, a diario vemos publicidades de tratamientos que nos prometen mantener nuestra juventud cuando sabemos que el envejecimiento de nuestro cuerpo resulta inevitable. Como sociedad, hacemos un tremendo esfuerzo para tapar las señales del cambio y el deterioro a lo que todo está sujeto.

No podemos controlar el ritmo y la forma del cambio. Pero que esto no te desanime. Aunque la realidad de la transitoriedad se impone, hay algo que sí podemos hacer: fijarnos en nuestra mente. En realidad, no hace falta que trates de cambiar el funcionamiento de la vida, solo tienes que entender cómo funciona. Así podrás vivir en armonía con ella. Tenemos que dejar de rebelarnos en contra de lo que no podemos modificar e invertir esfuerzo en lo que sí para enderezar nuestro rumbo vital. En otras palabras, tenemos que convertirnos en amigos de la impermanencia.

El cambio puede darnos miedo porque es como entrar en lo desconocido. ¿Y si ponemos de nuestra parte para conocerlo? Si queremos cultivar una amistad con alguien, ¿qué solemos hacer? Salir a dar un paseo con él, conversar, establecer vínculos de intimidad… Eso mismo tenemos que hacer con la impermanencia, familiarizarnos con el hecho de que todo es transitorio por naturaleza. De esta manera, cuando la transitoriedad se manifieste en nuestras vidas, en vez de volver la cabeza y mirar para otro lado, podremos mirarla a los ojos como a un buen amigo, aceptando su presencia. Esto nos equipará con las mejores habilidades para gestionar nuestros desafíos.

Eso sí, aceptar el cambio no es sinónimo de *resignación*. Cuando nos resignamos, entregamos nuestro poder a las situaciones y nos sentimos víctimas de la vida. La aceptación de los cambios no significa rendirse ante los hechos o ante las malas noticias, pero no podremos avanzar si no asumimos la otra cara de la vida. Cuando aceptamos, recuperamos nuestro dominio interno y nuestra capacidad de elección. Así nos volvemos protagonistas de nuestras propias vidas.

NO TE OBSESIONES CON EL CONTROL

En general, darnos cuenta de que no tenemos el control nos disgusta porque no podemos moldearlo todo a nuestro gusto. Nos encanta que las cosas, personas, situaciones y relaciones estén hechas a nuestra medida y se ajusten a nuestras preferencias y deseos. Esperamos poder controlarlo todo, pero es imposible, y tener expectativas imposibles es la receta perfecta para la frustración. Aunque no queramos aceptarlo, en el fondo, en esa capa subyacente de intuición que suele surgir en el silencio de la noche, sabemos, muy a nuestro pesar, que la vida escapa a nuestro control. Sé que, mientras lees esto, hay una parte dentro de ti que sabe que es una certeza.

Uno de nuestros mayores errores como seres humanos es obsesionarnos con el control, cuando, realmente, tenemos control sobre muy pocas cosas. En mi caso, el incendio de mi casa también me enseñó que el control es una mera ilusión. Debemos mejorar las circunstancias externas tanto como podamos, esto es fundamental. Sin embargo, la forma de experimentar todo lo que sucede a nuestro alrededor y a nosotros mismos establece la diferencia. Necesitamos mejorar todo lo que podamos el mundo, pero no podemos quedarnos anclados ahí, ese no es final, porque el control de las condiciones externas es algo que se nos escapa de las manos. Es algo limitado, no podemos tener el control del universo.

Si ponemos los temores y nuestras esperanzas fuera de nosotros, nos desalentamos y nos desilusionamos. De ahí la importancia de encontrar la fuerza en nuestro interior. Debemos hallar nuestras propias fortalezas en lo más profundo de nuestra mente y de nuestro corazón. Será entonces cuando surgirá la confianza, con la que podremos reforzarnos y enfrentarnos a esas situaciones que tanto nos incomodan. Además, las causas y las condiciones externas pueden darte placer, pero no alegría, puesto que la alegría no tiene una causa externa, es parte esencial de un estado de paz interior. Este estado natural no es algo que tengamos que crear o que tengamos que esforzarnos en conseguir, este estado de alegría es consustancial a nuestra verdadera naturaleza.

OBSERVA LA IMPERMANENCIA EN TI Y A TU ALREDEDOR

Según la tradición budista, existen dos tipos de impermanencia: la burda y la sutil. La impermanencia burda se percibe a través de la percepción sensorial ordinaria, como la que vemos con el envejecimiento y la muerte, y la impermanencia sutil se basa en la desintegración que sucede momento a momento y que somos incapaces de detectar a través de nuestros sentidos. Además, los cambios evidentes serían imposibles sin la impermanencia sutil. Por ejemplo, una persona se despierta un día, se mira al espejo y de repente se da cuenta de que su cabello tiene canas y su rostro acumula nuevas arrugas. Para poder llegar a este estado de impermanencia, el cuerpo ha pasado por un proceso indetectable a la vista de cambios muy graduales y sutiles que se produjeron a cada instante.

Para acostumbrarnos a la impermanencia, tenemos que comenzar a prestar atención a lo que sucede a nuestro alrededor. El gran maestro Lama Atisha solía irse a las orillas de los ríos a reflexionar sobre la transitoriedad. Nosotros podemos prestar atención a los ciclos de la naturaleza. En primavera, todos los capullos y bulbos brotan transformándose en hojas y flores; al entrar el calor del verano, las flores se marchitan y las hojas amarillean; en otoño, los árboles se desnudan, perdiendo todo su follaje; y con el invierno llega el frío, la tierra se humedece y las ramas se congelan. Una vez que hayamos observado los cambios en la naturaleza, podemos dirigir esta comprensión a todos los ámbitos de la vida.

Si nos familiarizamos lo suficiente con esta realidad, llegará un momento en el que los cambios inevitables de la vida ya no nos afectarán como antes y podremos hacer una mejor gestión de estas situaciones cuando se producen. Cada momento de nuestra vida debe ser vivido de la mejor forma posible, así no tendremos nada que lamentar.

Además, cuando adiestramos nuestra mente a través de la meditación podemos aprender a percibir la impermanencia menos visible a nuestros ojos. Esto requiere de una práctica correcta y disciplinada para fortalecer nuestra atención y así poder observar cómo ni las sensaciones agradables ni las desagradables, ni los pensamientos, ni las emociones permanecen un solo instante. Llegar a experimentar esto es inmensamente liberador, puesto que dejas de solidificar lo que en realidad es fluido y efímero. Y si las emociones y pensamientos que nos perturban fluyen como un río, no habrá nada a lo que aferrarse. En ese momento, y desde la ecuanimidad, podrás observar lo que surja, sin reaccionar con ansia o rechazo, porque sabrás que no permanecerá.

Fluir junto con la vida de este modo es el método para aprovechar ese tesoro y todas las riquezas de alegría y paz que nos ofrece la existencia. Sin oponernos a ella, podemos vivirla, no solo aceptando sus inevitables cambios, sino aprovechándolos para aprender, crecer y florecer.

CAPÍTULO 5

LA MUERTE, UNA TRANSICIÓN MÁS

LA MUERTE ES PARTE DE LA VIDA. Debemos integrarla como un aspecto más de ella, ya que es inevitable e incierta. Tarde o temprano nos moriremos. Por tanto, ahora que estamos aquí, deberíamos hacer todo lo posible para que cada día sea realmente significativo. De esta manera, cuando llegue ese último instante, no tendremos nada de lo que arrepentirnos y podremos sentirnos en paz pensando que hemos existido desde la verdad.

Aunque la pandemia puso de manifiesto la fragilidad de nuestra existencia, lo vulnerables que podemos ser, creo que la vuelta a la normalidad nos ha situado en el mismo punto. La muerte sigue siendo uno de los grandes tabús de nuestra sociedad occidental y, por tanto, solemos hacer un gran esfuerzo por esconderla. En general, nos cuesta hablar de ella y, cuando un ser querido fallece, nos es muy difícil encontrar respuestas a lo sucedido. Recuerdo que, en mi juventud, mucho antes de aprender sobre el budismo y otras creencias orientales, me imponía pensar en ese trance. No quería ni mencionarla, porque, al igual que mis amigos, creía que iba a ser un mal augurio. Hace años que no pienso lo mismo y espero hacerte reflexionar sobre ello.

Esta costumbre de ocultar la muerte para evitar pensar en ella —y enfrentarnos a ese desenlace— no es compartida por todas las culturas. Por ejemplo, en la India, la muerte está muy presente entre sus habitantes. En la ciudad sagrada de Varanasi, tras las procesiones, se realizan incineraciones a la vista de todo el mundo junto a la orilla del río Ganges y luego se arrojan las cenizas al agua. Otras prácticas son mucho más impactantes. En el Tíbet, algunas personas llevan a cabo el llamado *entierro celeste,* un rito funerario según el cual se coloca el cuerpo de los fallecidos en la cima de una montaña, exponiéndolo a la naturaleza. Con estos ejemplos busco transmitirte algo: hay diversas formas de entender el final y la despedida de nuestro cuerpo.

MORIR LE DA MÁS VALOR A TODO

En realidad, es comprensible que queramos mantenernos lo más lejos posible de la muerte. Por naturaleza, todos los seres desean preservar su último aliento a toda costa. Por eso, cuando estamos en contacto con ella afloran muchos miedos. Hay personas que temen que lo más preciado que tienen desaparezca por completo. Otras se sobrecogen al separarse de sus seres queridos y de las posesiones que con tanto esfuerzo han conseguido. Al morir también nos asusta que nuestra identidad quede en el olvido y que de nada sirva la reputación o el estatus por el que nos sentimos reconocidos. Resulta lógico que este suceso nos provoque cierto vértigo y que tratemos de ignorarlo. Pero lo cierto es que darle la espalda no es la mejor decisión.

A lo largo de estas páginas te has podido familiarizar con diversas enseñanzas budistas, y espero que te hayas dado cuenta de lo siguiente: lo que Buda trató de hacer es que afinásemos nuestra percepción de la realidad, ya que cuanto más en armonía estés con el mundo, mayor será el equilibrio que experimentaremos en el día a día. Y, en este caso, morirse es una realidad más que debemos integrar en nuestra experiencia. De por sí, no es ni bueno ni malo. Por mucho que nos cueste aceptarlo o asumirlo. Al igual que podemos aprender a ver el cambio como algo natural y fluir con él, también podemos aprender que fallecer es una parte de existir y, en vez de huir, aprender de ello. El budismo no considera la muerte como un suceso dramático. Más bien todo lo contrario.

Para una persona que practica las enseñanzas de Buda, la muerte se vuelve una gran consejera: tenerla presente nos ayuda a establecer nuestras prioridades. Nos recuerda que la vida no es eterna y que, por tanto, debemos aprovechar el tiempo que tengamos para abrir nuestro corazón, desarrollar nuestras cualidades innatas y ser felices. No es ningún misterio que el tiempo de vida es finito. Cada instante es completamente efímero. Es como si estuviésemos descendiendo por un enorme tobogán. Durante el descenso, nunca retrocedes, siempre bajas y cada vez te acercas más al final. Por ello tiene sentido que disfrutemos de cada momento. Cuando aprendemos a verlo así, comprendemos que paradójicamente es la propia muerte la que otorga un gran valor a nuestra existencia.

LOS NIVELES DE CONSCIENCIA

Buda afirma que el final de la vida no significa el final de nuestra existencia. Lo que cesa en la muerte es nuestro cuerpo físico junto con las mentes burdas y sutiles, pero nuestra mente muy sutil continúa. Para contarte qué sucede tras el deterioro y la muerte física debes saber que tenemos distintos niveles de consciencia: los estados de consciencia burdos, sutiles y muy sutiles. Así, la «consciencia burda» es aquella que utilizamos cuando estamos literalmente despiertos, en el estado de vigilia, como la percepción visual, con la que podemos ver objetos; la olfativa, con la que olemos; la auditiva, con la que escuchamos sonidos; la gustativa, con la que saboreamos; la corporal, con la que experimentamos los objetos tangibles; y la mental, con la que pensamos, recordamos, sentimos emociones y experimentamos con mucha intensidad al «yo» y a lo «mío». Todas estas mentes son burdas porque las podemos reconocer con mucha facilidad. Sin ellas, no podríamos comunicarnos con los demás, y realizar las actividades cotidianas. Cuando nos dormimos, las consciencias burdas cesan temporalmente.

Las mentes sutiles y muy sutiles solo se manifiestan durante el sueño profundo o en el proceso del morir. Nosotros, los seres comunes, no podemos reconocer las mentes sutiles ni las muy sutiles porque no somos capaces de mantener la memoria ni durante el sueño ni durante la muerte. Solo los practicantes del tantra supremo pueden reconocerlas durante el estado de vigilia, al dormir y en el proceso de la muerte gracias al poder de su meditación. La mente muy sutil es la que hace que podamos mantener la vida en todo momento porque las mentes burdas y las sutiles muy inestables y temporales surgen y desaparecen muy rápido. La mente muy sutil es nuestra verdadera naturaleza.

¿Qué ocurre con nuestra mente muy sutil al morir?

Que al separarse definitivamente del cuerpo entra en el estado intermedio llamado *bardo*. Es decir, el estado entre una vida y la siguiente. Es en este punto intermedio en el que nuestra consciencia busca un nuevo cuerpo donde renacer. ¿Qué determinará adónde nos dirigimos? Nuestras propias acciones, el famoso karma. Como vimos en el capítulo «Todo está conectado», cada acción que realizamos está impulsada por una motivación que deja una huella en nuestra conciencia o continuo mental. Podemos ver estas huellas como semillas depositadas en un semillero. Algo nuevo brotará de una de esas semillas. Pero, obviamente, a lo largo de nuestra existencia actuamos infinidad de veces, dejando la consciencia llena de semillas muy diferentes. ¿Cuáles brotarán? Las que sean más predominantes. Si a lo largo de nuestra vida hemos cultivado un buen corazón y con esa motivación hemos realizado acciones para el bien de los demás y el propio, serán esas semillas las que broten.

Ese karma brotará justo en el momento de fallecer, mientras todavía estamos aquí. Por eso el estado mental con el que se muere es de extrema importancia. Te adelanto que el mejor estado mental con el que podemos morir es de paz, tranquilidad y amor. Si lo logramos, no tendremos nada de lo que preocuparnos. El karma que aflora al morir proyectará una nueva vida. Es como una catapulta que te lanza con toda su inercia hacia un nuevo renacimiento. Dicho esto, puedo entender que esta explicación resulte extraña para muchas personas. Pero no puedo abordar este tema sin destacar el renacimiento, una de las doctrinas más relevantes del budismo. No olvides que tus acciones te conducirán a una nueva existencia después de fallecer.

Las personas que se han entrenado durante sus vidas para reconocer la naturaleza última de la mente, al morir pueden lograr el completo despertar. Por eso, para el practicante budista, perecer no es un hecho dramático e indeseado, sino una oportunidad que le abre las puertas a la liberación o al completo despertar.

LA EXTRAORDINARIA HISTORIA DE ANI LA

Te contaré el final de una mujer muy especial. A pesar de que en un monasterio de monjes no pueden vivir mujeres, nuestro maestro Lama Zopa Rinpoché nos dio instrucciones de que cuidásemos de una monja anciana llamada Ani La. Ella vivía justo debajo de mi cuarto en Nalanda, en una pequeña habitación a pie de calle para que pudiese salir sin dificultad. Todos la cuidábamos, pero también recibía las atenciones de una enfermera del hospital. Nunca la oí ni la vi quejarse por nada, era dulce y tenía una mirada cálida y bondadosa. El día anterior a su partida estuvo con los monjes haciendo la práctica de la noche. Cuando terminamos, un monje la acompañó a su cuarto y la dejó acostada. A la mañana siguiente, cuando fueron a despertarla, la encontraron sentada en su sillón y con las manos en su regazo. Todos creímos que, cuando ella presintió su final, se levantó, entró en meditación y murió.

Al monje que entró en su cuarto le sorprendió verla en esa posición. Después de llamarla varias veces y ver que no respondía a ningún estímulo, se dio cuenta de que había muerto. Siguiendo las costumbres budistas, no tocó su cuerpo y fue a hablar con el abad y el lama. Llamaron a un médico amigo del monasterio que, sin tocarla, ratificó su muerte física. En seguida, informaron a Rinpoché y este nos recomendó que la dejásemos tal cual estaba. No debíamos tocarla durante unos días. Recuerdo verla a través del cristal de la ventana. Su semblante no había perdido su color y, a pesar del tiempo transcurrido, su cuerpo no olía a nada.

Al quinto día, los lamas entraron en su cuarto para hacer el *phowa* o la transferencia de consciencia, una práctica que tiene como objetivo dirigir la consciencia en el momento que a precede a la muerte. Hay muchas maneras de realizar esta práctica y todos pueden aprenderla. Ani La había muerto físicamente, pero su mente muy sutil todavía estaba en ella. Los lamas hicieron el trabajo que la monja no pudo terminar y su mente finalmente abandonó su pequeño cuerpo de la forma correcta. Ese mismo día la llevamos al lugar donde se haría la cremación. Sus cenizas reposan en un lugar reservado del cementerio cercano al monasterio. El proceso de morir puede resultar doloroso incluso para un practicante espiritual, puesto que perder el cuerpo y esta vida es una experiencia muy difícil. Sin embargo, Ani La recibió instrucciones sobre el método para liberarse al morir, así que las practicó a lo largo de su vida y aprovechó su fallecimiento lo mejor que pudo.

Comprendo que pueda resultarte extraño todo lo que te explico. Las personas de a pie no tienen la fortuna de recibir este tipo de aprendizajes y desconocen qué significa morir. La mayoría no sabe qué nos pasa ni adónde vamos. Por eso, darse cuenta de que podemos desaparecer resulta muy inquietante. Creo firmemente que la muerte, pese a lo dolorosa que puede resultarnos, es como una ventana que se abre para todos los seres. Aquellas personas que han sido adiestradas en estas enseñanzas pueden reconocerla como tal y aprovecharla. No vamos a vivir indefinidamente, pero solemos actuar como si así fuese.

CONSEJOS ESENCIALES PARA MARCHARSE EN CALMA

¿Cómo podemos prepararnos? En primer lugar, es muy importante que te acostumbres a la transitoriedad de la vida, ya que el miedo que puedas sentir se debe principalmente a que no estamos familiarizados con ella, hacerlo es un paso fundamental. Te aconsejo que comiences a observar que todos los fenómenos, tanto animados como inanimados, son transitorios. Todo tiene su proceso y un tiempo, y cuando este se acaba, perece. Eso no es algo negativo, pues como hemos visto, morir permite dar paso a la regeneración. Por ejemplo, el final de una flor puede dar paso a un nuevo brote, y el de una relación, al autodescubrimiento.

Después, tenemos que dedicarnos a expandir nuestros corazones y ser realmente felices. No hay tiempo que perder. De ahí a que te anime a integrar en tus vivencias diarias actitudes como la paciencia y la generosidad. En el capítulo «Enciende tu corazón», encontrarás múltiples actitudes para que reflexiones sobre ellas y seas capaz de desarrollarlas. Ojo, esto no quiere decir que no vayamos a pasar por malos momentos, pero usando la muerte como consejera, podremos poner nuestros problemas en perspectiva y afrontarlos con una mayor valentía y confianza. Tenemos que dejar de perdernos en las culpas del pasado y las preocupaciones del futuro para vivir lo único que existe: el presente. El presente se denomina así porque es un regalo, el mayor regalo que jamás tendremos. No lo perdamos de vista.

A continuación, es importante que no nos quedemos ensimismados en nuestra realidad individual. La mejor manera de enriquecer nuestras vidas es cultivando vínculos significativos con otras personas.

Cuando conectas con alguien es como si surgiese un tubo de luz invisible entre ambos por el que pueden fluir el amor, la generosidad e infinitas cualidades positivas. No existe una mayor fuente de felicidad que esa conexión. Uno de los ejemplos más bonitos de lo enriquecedores que pueden llegar a ser los vínculos es la relación que existía entre su santidad el Dalái Lama y el arzobispo sudafricano Desmond Tutu, figura clave en la lucha contra el *apartheid*. A pesar de venir de culturas y religiones muy distintas, los dos conectaron desde su humanidad e hicieron de su amistad una fuente infinita de alegría. De hecho, te recomiendo que veas el documental *Mission: Joy (Finding Happiness in Troubled Times)*, de Louie Psihoyos, Peggy Callahan (2018), donde aparecen ambos aportando su visión sobre la felicidad, la ira o el perdón. Espero que, como a mí, te sirva de inspiración.

Dependiendo de tu religión o de tus preferencias personales, es posible que tengas que hacer algunos preparativos antes de que llegue el día. Esto cobra especial importancia para aquellas personas que están pasando por una enfermedad severa cuyo diagnóstico es poco esperanzador. A veces, ver a otros partir hace que tomemos consciencia de que nosotros también nos iremos, y fantaseamos con cómo será nuestra despedida. En realidad, el mensaje que trato de transmitir es para todo el mundo. Sea cual sea tu situación, te recomiendo que te tomes un tiempo para pensar qué te gustaría dejar listo antes de fallecer. Todos tenemos asuntos pendientes y decisiones que podemos tomar para evitar la carga posterior a nuestros seres queridos. Ve dando los pasos para completar esas tareas, porque, de esta forma, tendrás la mente tranquila el día de la transición. Si sigues algún camino espiritual particular, quizá te gustaría que alguien estuviese a tu lado o que se recitasen unas oraciones específicas durante el proceso de dejar tu cuerpo. Si es así, elige a tus personas de confianza y comunícales sinceramente cuáles son tus deseos para que los lleven a cabo. Como ya sabes, las condiciones en las que una persona muere son inciertas, pero cuanto más lo hayas pensado y preparado, más confianza sentirás cuando debas partir.

Cuando llegue el final de este viaje, si hemos transitado por él de esta manera, en lugar de lamentarnos nos alegraremos por haber vivido bien, con un corazón abierto a los demás, tratando de beneficiar a otras personas siempre que hayamos podido. Una profunda paz y alegría nos inundará y sentiremos que nos podremos ir con tranquilidad. Esa es la mejor forma de morir.

CÓMO ACOMPAÑAR A NUESTROS SERES QUERIDOS

Acompañar a otras personas adecuadamente es tan crucial como recorrer bien nuestro camino hacia la propia muerte, ya que podremos limitar las aflicciones que puedan experimentar. Contar con el apoyo de alguien que permanezca en calma a su lado y que guíe con sabiduría y cariño este proceso les transmitirá confianza y tranquilidad. En el budismo tibetano nos enseñan lo que ocurre durante este proceso y cómo permanecer junto a los afectados para que puedan dejar esta vida con paz y sosiego, y no con remordimientos, culpa o miedo. Así, solo conocer las enseñanzas más básicas sobre la muerte nos proporcionará calma y esperanza, aunque no las hayamos practicado antes ni comprendido del todo. Tuve la oportunidad de poder estar junto a mi madre durante sus últimos momentos y guiarla en su proceso final. Te contaré mi experiencia con ella para que tú también aprendas a ayudar a quien lo necesite.

Hay fechas que se quedan grabadas en nuestra memoria. La tarde del 16 de septiembre de 2018 recibí una llamada de mi hermana: habían ingresado a mi madre en el hospital. Yo estaba fuera, pero de inmediato hice todos los preparativos para tomar un vuelo al día siguiente desde Toulouse a Granada. Al aterrizar fui directamente al hospital. A pesar de su delicado estado de salud, cuando me vio se le iluminaron los ojos. Mi madre estaba tranquila, en paz, y muy feliz de ver a sus tres hijos. No he conocido a nadie igual a ella. Era la personificación de la integridad, la bondad y la generosidad, pese a la vida tan dura que había tenido. Su padre falleció cuando ella era pequeña. A los diez años tuvo que dejar la escuela para ayudar a su madre en la pensión y la panadería que regentaban. A veces, entre lágrimas, mi madre me contaba duros episodios. Cuando lo hacía, aún veía a aquella niña, pequeña y menuda, subida a un cajón de madera para preparar la masa del pan. «¿Por qué tuve que pasar por tanto sufrimiento? Sin padre y sola con mi madre», se preguntaba muchas veces. Tampoco su entorno tuvo la mínima compasión hacia ella ni hacia mi abuela. Al verla en el hospital, me fue inevitable pensar de nuevo en aquellos recuerdos. Sin embargo, a pesar de todas las dificultades, jamás se extraviaron su corazón ni su mente.

Mis hermanos y yo nos turnábamos para quedarnos por la noche en el hospital. Los tres pasamos con ella sus últimos cinco días de vida. La tarde del día 22 de septiembre, estaba dando un paseo por el centro de la ciudad, esa noche le tocaba a mi hermana acompañarla. Pensé en mi madre y mi corazón empezó a latir más fuerte de lo normal. Tuve una sensación extraña. Busqué un taxi y le dije que me llevase al hospital. Cuando llegué, le dije a mi hermana que esa noche me quedaba con ella. Aunque estuvimos un rato hablando, no le conté el presentimiento que había tenido. Mi madre nos miraba sin hablar. Ni la gravedad de su estado pudo ocultar el brillo de sus ojos al tenernos cerca. Éramos lo más importante de su vida. Cuando mi hermana se fue, tomé una silla y me senté al lado derecho de su cama, me miró, levantó su mano en un gesto para que la tomara y así lo hice. Cerró sus ojos y se quedó tranquila. Justo entonces tuve la intuición de que no le quedaba demasiado tiempo. Es importante que, si estamos acompañando a alguien que está muriendo, le transmitamos paz y sosiego. Pero si nuestro estado emocional nos lo impide, es mejor que otra persona que sí se vea capaz nos sustituya. En mi caso, supe que podía hacerlo.

Al rato de percibirla tranquila, saqué mi libro de oraciones y empecé a hacer todas las prácticas que había aprendido. Ese sería su último regalo, el más precioso que mi madre tenía preparado para mí. Fui consciente de todo el proceso final. La pude acompañar todo el rato. Además, lo hice de una forma muy especial, porque ella era muy devota de la Virgen y me apoyé en sus creencias para hacerlo. Fíjate en que su religión dista mucho de mis ideas. Pero si sabes que la persona a la que estás acompañando es espiritual, debes aprovechar esos momentos para recordarle su fe y hablarle de cosas que despierten su serenidad y alegría. Que compartamos su fe es irrelevante. Y mucho menos debemos imponer la nuestra sobre nadie. Lo más importante es usar las imágenes u oraciones con las que esa persona tenga conexión, para llevarla así a un estado de confianza. Si la muerte no es repentina, podemos preparar algunas fotos, estampas u objetos que sepas que le inspiren y ponerlas donde pueda verlas. Si la persona está consciente, puedes preguntarle si hay algo especial que le gustaría que hiciésemos por ella.

A medida que iban pasando las horas, su respiración se hacía cada vez más lenta y pausada. Yo me quedé dormido y cuando desperté eran las dos de la madrugada. La miré y respiraba con mayor lentitud. Sin moverme de su lado, continué con las prácticas de mis maestros. Hubo un instante en que tuve la sensación de que nada podría ayudarme, creí que ni siquiera todo lo que había aprendido podría aliviar mi dolor por perderla. Pero reaccioné y pude continuar, aunque el nudo en la garganta era tan grande que dificultaba mis oraciones. Es muy duro ver cómo un ser al que amas tanto se apaga. Nunca había tenido una experiencia así. Mi angustia surgía al tiempo que venían a mi memoria los duros episodios que me contó en vida. Se desataron muchas emociones en mí mientras trataba de contener las lágrimas. En ese momento debes estar ahí al cien por cien para ella, apoyándola en lo que necesite. Aunque suene frío, es necesario que esperes a que haya fallecido y estés fuera del hospital para desahogarte y llorar tu duelo. Incluso los médicos lo recomiendan ante aquellos pacientes que están en coma. Debemos transmitirles emociones positivas, pese a lo mucho que nos cueste.

A las 2:45 de la madrugada, mi madre murió tras su último aliento. Ese instante es inenarrable. No sé de dónde saqué la fortaleza para no derrumbarme. ¡Cuánto la amaba! Pero no me vine abajo y me quedé mirándola muy fijamente. Esperé unos minutos antes de hacer la última parte de la práctica: hacer que su consciencia saliese de su cuerpo físico. Cuando lo hice, una lágrima cayó de su ojo derecho. Todo estaba hecho. Llamé a las enfermeras y a mis hermanos. Cuando llegaron los tranquilicé, les conté todo lo que había pasado y les pedí que no llorasen en la habitación. Así lo hicieron.

En mi caso, yo había recibido enseñanzas específicas para afrontar estas circunstancias. Si alguna vez deb... ar a una persona de esta forma,
...prepares y que tu mente también
...arlo. Algunas entidades, como la
...ospice, ofrecen cursos que son
... y accesibles para todo aquel
...idad está especializada en el
...onas con enfermedades avan-
z... le su vida.

...o a mi madre con amor y le
ri... que puedo, haciendo cosas
qu... encantaban y adoptando las actitudes que tanto la caracterizaban, como la bondad y la generosidad. Me gusta hablar de ella, compartir mis recuerdos de ella con los demás y, cuando lo siento necesa-

rio, la incorporo a mis meditaciones. Aquel 21 de septiembre de 2018 no negué su marcha. Tampoco lo hice días, semanas y meses después, a pesar del dolor que siempre causa la pérdida de alguien a quien tanto quieres. La tengo muy presente en mi vida y sé que así lo haré hasta el final de mis días.

CAPÍTULO 6

DEJA DE SUFRIR (TANTO)

EN ALGÚN MOMENTO todos vamos a enfrentarnos a situaciones y emociones que serán incómodas y dolorosas. Nadie se libra de estas desagradables experiencias. Pero lejos de lo que pueda parecer, no estamos rotos. Tenemos la capacidad de sobreponernos incluso a las circunstancias más difíciles. Nuestro propósito vital no es otro que dejar de sufrir y encontrar la felicidad genuina. Para ello, vamos a indagar en el origen de nuestro sufrimiento y, así, poder liberarnos de él.

Al igual que cuando te hablé por primera vez de la felicidad, nuestro interior juega un papel esencial a la hora de despojarse de cualquier padecimiento. La mente es la fuente de todos nuestros problemas y también de la solución. «Nuestro estado mental desempeña un papel esencial en nuestra experiencia de la felicidad y del sufrimiento», dice su santidad el Dalái Lama. ¿De qué manera lo hace? La explicación es tan sencilla como esencial: lo que nos pasa no es la causa fundamental de nuestro sufrimiento, sino que padecemos por cómo percibimos y reaccionamos a lo que nos sucede. Cambiar la manera de pensar transformará nuestras vidas.

Nuestras circunstancias personales, el entorno familiar y social y otros múltiples factores externos que no podemos controlar influyen en nuestro dolor. Es evidente que una infancia sin afecto, ser víctima de un accidente, vernos inmersos en un conflicto bélico o padecer una enfermedad tendrán un enorme impacto en nuestras vidas, pero te propongo ir más allá. Dejemos de mirar fuera y llevemos la mirada hacia dentro. Es importante entender que nuestros estados mentales no están producidos en mayor medida por condiciones externas. Es posible que sientas desesperación por el caos de tu vida o mucha angustia por la muerte de un ser querido. Si bien estos acontecimientos externos son condiciones que influyen en el estado de nuestra mente, no lo determinan. La causa principal de la mayoría de nuestros problemas se encuentra en nuestra mente.

En su primera enseñanza, Buda compara las etapas para liberar la mente con la recuperación de una enfermedad. Lo hace en un sentido figurado, pero verás que tiene toda la lógica del mundo. Si no reconocemos primero que padecemos una enfermedad, no buscaremos ayuda. Y si no sabemos tampoco cuál es su origen, no podremos curarla con el tratamiento más eficaz. Sin ese primer paso de aceptación no habría curación posible.

LA LECCIÓN DEL MAESTRO LAMA YESHE

La mente humana es como un espejo. Un espejo no discrimina, sino que refleja lo que hay ante él, sin importarle si es horrible o maravilloso. De igual manera, la mente adopta el aspecto de todo lo que nos rodea y, si no somos conscientes de lo que sucede, se puede llenar de inmundicias. Por tanto, es muy importante ser conscientes de todo lo que nos rodea y de cómo puede afectar nuestra mente.

LAS CAUSAS BÁSICAS DE NUESTRO SUFRIMIENTO: LAS AFLICCIONES MENTALES

Existen una serie de aflicciones mentales que nos hacen sufrir e impiden que seamos felices. Las más importantes son el deseo ansioso, la aversión o el enfado, la ignorancia, el orgullo y la duda afligida. Aunque hay muchas más, estas son las «aflicciones raíz» porque de ellas nacen otras, como la frustración, el rencor o el miedo. Te hablaré de las que son más frecuentes para que, siendo consciente de su presencia, puedas eliminarlas y dejar de sufrir tanto por ellas.

Imagínate un viento huracanado que te agita constantemente. Así son todas estas aflicciones que sacuden nuestras vidas y nos roban la paz y la tranquilidad, impidiendo que seamos felices. Para eliminar estos estados nocivos de nuestra mente no bastará solo con la voluntad de quererlo, sino que tendremos que analizarlos bien para identificar su origen y desenraizarlos. La parte buena de todo esto es que estas emociones se basan en ideas erróneas sobre la naturaleza de la realidad y, por tanto, es posible desterrarlas de la mente corrigiendo estas ideas. A la hora de afrontar el tema de las emociones nocivas o destructivas tenemos que hacerlo con mucho cuidado y la actitud adecuada. No debemos usarlas para criticarnos o juzgarnos a nosotros mismos diciéndonos: «¡Qué mala persona soy!», «¡Soy tan orgulloso!», «¡Es que soy tan celoso!»... No debemos olvidar que el reconocimiento de los engaños mentales nos permite precisamente liberarnos de ellos. La naturaleza de nuestra mente lo permite.

El deseo ansioso: exagerar y poseer

En mayor o menor grado, el deseo ansioso permea toda nuestra vida. Me dirás: «¿Cómo no ansiar algo que nos causa placer?». Una cosa es desear algo y sentir satisfacción o disfrute al conseguirlo, otra bien distinta es generar una emoción claramente tóxica. Esta aflicción actúa exagerando las cualidades atractivas de nuestro objeto de deseo, atrayendo la mente hacia él como si nada más existiese. Primero lo percibimos o lo recordamos, pensamos que es atractivo, nos centramos en sus cualidades positivas y las exageramos. Una vez creada esta imagen exagerada, generamos un intenso deseo hacia él y nos apegamos.

Al exagerar sus cualidades nos exponemos a sentir decepción siempre que no sea nuestro. ¿Qué pasa si lo conseguimos? Pueden pasar dos cosas: que, tarde o temprano, esas cualidades tan deseables acaben por difuminarse de nuestra mente y nos cansemos de él, o que, tras obtenerlo, se instale en nuestra vida un terrible temor a perderlo.

Esto es lo que me pasaba a mí con los coches. Me encantaban los BMW y antes de tener uno nuevo sentía una gran ilusión. Finalmente, lo conseguía. Sin embargo, la emoción por mi nuevo juguete no tardaba más de seis meses en desvanecerse y ser sustituida por el ansia de desear otro. ¿Ese primer BMW dejaba de ser tan maravilloso meses después de usarlo? Piensa en si esto te sucede también a ti. El truco del deseo ansioso es hacernos creer que la felicidad real proviene del objeto deseado y nos promete una satisfacción duradera una vez que lo hayamos conseguido. Pero nunca cumple con su palabra.

El deseo ansioso también rige equivocadamente las relaciones humanas. Si buscamos refugio en otra persona porque sentimos una falta de seguridad, nos estaremos relacionando desde la carencia y eso puede llevarnos a desearla ansiosamente y, por ende, a la posesividad. Si hay más apego que amor en cualquier relación, terminaremos sufriendo. Si sufrimos un apego exagerado, nunca nos sentiremos bien ni contentos con nuestra pareja, porque nadie puede darnos todo lo que deseamos. El apego puede ser la causa de muchas separaciones, pero también ser la causa que nos impide dejar a nuestra pareja, aun no siendo felices.

El enfado: cuando no conseguimos lo que queremos

La aversión o la ira pueden aparecer cuando algo impide que se cumplan nuestros deseos o nuestro sentido del *yo,* y ese ego desmesurado se siente amenazado. Esta aflicción está muy relacionada con la insatisfacción. Cuando esta aumenta, nos encaminamos a la frustración, y en ese estado, los demás —y nosotros mismos— podemos ser víctimas de un ataque de ira. Creo que no hace falta que te diga cómo estos arranques minan la convivencia. El descontento por no conseguir o vivir lo que queremos es el combustible del enfado.

La ignorancia: el primer obstáculo para la sabiduría

Al hablar de la ignorancia, no me refiero a la intelectual, ya que se puede enriquecer a través de la cultura y del estudio. Esta aflicción es la ignorancia que no comprende cuál es la verdadera naturaleza de la realidad. Por ejemplo, debido a la ignorancia desconocemos que todo cambia y nada es permanente; no somos conscientes de que todo se rige a través de la ley de causa y efecto, y que hay múltiples elementos que escapan a nuestro control. ¿Recuerdas todo lo que te conté en los capítulos anteriores? Conocerlo ahora te hará combatir esa ignorancia. Reflexiona por un momento. La ignorancia es como una especie de paraguas bajo el que se resguardan el resto de las aflicciones mentales. «Así como el sentido del tacto abarca el cuerpo, la ignorancia todo lo permea. Por ello, todas las aflicciones son conquistadas una vez que la ignorancia es eliminada», afirmó un sabio indio llamado Aryadeva.

Al hablar de la ignorancia, no puedo pasar por alto abordar el ego. En general, sobredimensionamos nuestro propio *yo*, exagerando su importancia y posicionándolo como la figura central de nuestra vida y del universo. Hay personas que solo están centradas en sí mismas, que no paran de dar vueltas a sus preocupaciones creyendo que son los únicos sujetos importantes. Si caemos en este egocentrismo, emprenderemos un camino equivocado. Recuerda que todo está profunda e íntimamente interconectado. Por tanto, nos influimos mutuamente, queramos o no. ¿Qué te gustaría aportar y que te aportasen? Reconocer esta realidad hará que salgas de ese círculo vicioso dominado por tu ego, ampliarás tus horizontes y te acercarás a una mente altruista, unida a la felicidad verdadera.

El orgullo: de la arrogancia al victimismo

¿Te crees mejor que nadie? ¿Conoces a alguien que se muestre así ante los demás? Así actúa el orgullo. Las personas arrogantes se sitúan en lo alto de su montaña y ven al resto del mundo como si los demás fueran hormigas. Existe una palabra tibetana para definir ese orgullo: *nga-rgyal,* que significa literalmente «yo vencedor». Por tanto, los individuos orgullosos quieren ganar a toda costa, aunque eso signifique que el otro pierda. Esta aflicción mental impide el aprendizaje porque uno piensa que ya lo sabe todo. El orgullo hace que las personas se crean el centro de todo, lo cual puede conllevar actitudes de soberbia, pero también disparar su victimismo cuando algo malo les pasa.

La duda afligida: somos incapaces de decidirnos

La duda de por sí es positiva, porque nos anima a cuestionar nuestras creencias y ampliar nuestra visión de las cosas. Sin embargo, aquí hablamos de una duda afligida. Este tipo de duda, en vez impulsarnos a crecer y avanzar, nos paraliza ante las diversas opciones que se nos presentan. Cuando está en nosotros, nuestra mente se ofusca, nos genera tensión y también nos paraliza, mostrándonos incapaces de tomar una decisión. En estos casos, hay una falta de la sabiduría y de la claridad que nos permitirían ver cuál sería la opción adecuada en cada contexto, el camino más correcto que tenemos que seguir.

IDENTIFICA DE DÓNDE SURGEN LAS AFLICCIONES MENTALES MÁS COMUNES

- Del apego se derivan la insatisfacción personal, la avaricia, la búsqueda de gloria, la sed de poder, la obsesión y el miedo a la pérdida.
- De la ignorancia surgen el olvido, la falta de atención, la pereza, la falta de fe, la desesperanza, la culpa, el odio hacia uno mismo, la tristeza, la baja autoestima y la depresión.
- De la ira nacen el orgullo egocéntrico, la venganza, el rencor, la cólera, los celos, la crueldad y el resentimiento.
- Del apego y de la ignorancia surgen las pasiones irracionales, los prejuicios, la pasión por el poder y la codicia.

- De todos se derivan la falta de consideración hacia los demás, la falta de honradez, la pretensión, la desvergüenza, la falta de respeto, la distracción y la inconsciencia.[1]

EL PELIGRO DE ACTUAR DESDE LA INSATISFACCIÓN

Antes de hablar sobre cómo afrontar las emociones negativas, creo que es imprescindible reflexionar sobre la insatisfacción, porque está muy relacionada con el sufrimiento inútil que nos causamos. La sociedad actual nos ha impuesto una escala de valores en la que se prioriza acumulación de riqueza, las posesiones, la fama y el estatus. Si nos fijamos, todo gira en torno a conseguir cosas externas que aparentemente pueden aportarnos felicidad y satisfacción. Creer que eso es así y seguir a ciegas estos mandatos puede llevarnos a sentir que nunca tenemos suficientes cosas, o que nunca somos lo bastante buenos. ¿A quién le gusta sentir dicha frustración? ¿Hay personas a tu alrededor obsesionadas con el estatus y las posesiones? Si creemos que la satisfacción se encuentra en alguna de esas cosas, podemos obcecarnos con cuestiones que nunca cumplirán con nuestras expectativas. Muchas veces esta espiral negativa nos atra-

1 Gueshe Tashi Tsering, *Estudio de la mente: psicología budista*, Menorca, Amara, 2007.

pa y nos cuesta salir de ella. Desgraciadamente, sin darnos cuenta de que esta es la causa, muchos acabamos llenos de ira o sumidos en una depresión.

Mi maestro Geshe Lobsang Jamphel cree que, si queremos evitar sufrir tanto, no debemos olvidarnos del gran problema de la insatisfacción. Es imposible ser felices si buscamos esa satisfacción constantemente fuera de nosotros. No solo experimentaremos la fugacidad del placer, sino que sufriremos dolor. Esta incesante búsqueda que ocupa la mayor parte de nuestro tiempo puede generarnos ansia por conseguir lo que deseamos y angustia por no llegar a tenerlo. Por eso, al final, lo que comenzó siendo una manera de encontrar el bienestar acaba convirtiéndose en una vivencia dolorosa.

Si no ponemos atención a cómo y dónde buscamos la felicidad, si no vemos que ese camino es el más rápido para fracasar, desarrollaremos hábitos mecánicos y compulsivos que multiplicarán nuestros problemas personales. Nuestra propia insatisfacción nos lleva a encontrarnos en situaciones indeseadas. Si lo piensas bien, verás que la insatisfacción colectiva de la humanidad es origen de los conflictos bélicos. Lama Yeshe decía que las guerras tienen su origen en ese apego ansioso que no deja ni un instante de desear cosas, para el que «mucho siempre es poco».

Sin embargo, la insatisfacción no siempre se manifiesta de forma obvia. A veces es una sutil sensación de vacío que parece crecer cuando nos quedamos en el silencio de nuestros hogares. ¿Cuántas personas mantienen la televisión todo el día encendida, aunque no la estén viendo activamente? Simplemente para tener un sonido de fondo que las distraiga de su propio ruido interno.

ENCONTRAR LA PUERTA DE SALIDA A LAS EMOCIONES NEGATIVAS

Ahora ha llegado el momento de plantar cara a esas emociones negativas para eliminarlas. En primer lugar, tenemos que analizar nuestras experiencias y constatar en primera persona que esos venenos mentales son indeseables porque nos hacen sufrir. Si no estamos convencidos, no podremos afrontar estas emociones, reducirlas y finalmente erradicarlas de nuestras vidas.

Identificar algunas de las emociones como nocivas puede costar más trabajo. Por ejemplo, hemos visto que el deseo ansioso nos hace sentir bien momentáneamente, pero luego nos deja siempre con mal sabor de boca. Por eso, darnos cuenta de sus desventajas tomará un poco más de tiempo. Sin embargo, hay otras, como la ira, que se manifiestan con más claridad. Es más fácil para cualquiera darse cuenta de la presencia del enfado y de sus efectos devastadores.

Cuando nos sintamos perdidos en medio de estas emociones negativas, nos beneficiaremos tomando distancia. Ya en calma deberemos entender qué ha pasado y por qué nos hemos dejado llevar por ellas. Cuando analices esa emoción, empezarás a quitarle poder. Por educación, hemos aprendido a avergonzarnos y culpabilizarnos de sentir cierto tipo de emociones, pero esto solo le añade leña al fuego. Debes saber que sentir las aflicciones es común a la mayoría de los seres humanos. No hay nada de lo que avergonzarse ni culparse.

La mayor parte del dolor humano es innecesario porque es autocreado. Las emociones negativas se vencen enfrentándonos a ellas, usando el análisis y desarrollando el autoconocimiento. En este sentido, la meditación nos ayudará. Puesto que estos procesos no siempre son fáciles, tengamos muchísima paciencia con nosotros y con los demás.

Si nos adiestramos en esta práctica, una y otra vez, la propensión y la tendencia a que aparezcan la ira o el ansia se reducirá cada vez más, hasta que logremos disolver esta emoción. Este es el principio del entrenamiento de la mente, la única manera de regresar a nuestro verdadero hogar: un estado infinito de paz. Aunque nadie es inmune a las emociones negativas, si somos conscientes de su naturaleza destructiva estaremos en el camino correcto para reducirlas. Si algo se encuentra en nuestro interior, podremos cambiarlo.

También debemos saber que estar en calma no garantiza que no se vayan a presentar desafíos. Sin embargo, desde esa calma podremos actuar en lugar de reaccionar. Por ejemplo, cuando estamos alegres, no nos incomoda que el tráfico sea un caos o que nuestro compañero de trabajo se queje constantemente. Pero cuando estamos irritados, esas mismas circunstancias multiplican nuestra desazón. Depende de ti. Cuando no hay enemigo dentro de nosotros, los de afuera no nos pueden lastimar.

¿Y SI ALGUIEN NOS HACE DAÑO?

«Cuando una persona a quien he ayudado / o en quien he depositado todas mis esperanzas / me daña muy injustamente, / que pueda yo verla como a una maestra». Este es uno de los versos para adiestrar la mente revelado por Geshe Langri Tangpa hace más de ochocientos años. Casi todo el mundo espera algo a cambio de ayudar a alguien. Cuando tienes una relación estrecha con una persona, tiendes a esperar algo de ella. Si esa persona no te corresponde retribuyendo tu bondad, piensas «¿cómo se atreve?», y te indignas y sientes que te está haciendo daño con su actitud. Ese sentimiento de dolor y decepción te invade hasta tal punto que crees que tu enfado está totalmente justificado. Esta es la respuesta más común.

Sin embargo, que te pase algo así es, sin duda, una oportunidad para aprender la lección. ¿Has pensado en realidad que esa persona es una maestra que te está enseñando a practicar la paciencia? Esto no significa que debamos ceder ante cualquier injusticia grave. De lo que se trata es de comprender la situación. Hay personas que herirán nuestros sentimientos. ¿Qué hacer en estos casos? La mejor estrategia es abrir nuestro corazón a todas ellas, porque nuestras mejores maestras pueden ser aquellas personas que nos enfurecen.

TRANSFORMAR EL SUFRIMIENTO EN APRENDIZAJE Y FORTALEZA

Las experiencias negativas, si se utilizan adecuadamente, pueden enriquecer y ennoblecer nuestras vidas. Muchas personas maduran después de haber vivido una mala experiencia. Estas situaciones o personas que nos generan aflicciones también nos desafían al mostrarnos nuestras debilidades. Si percibimos algo positivo en una experiencia difícil, no solo será menos dolorosa y habrá menos sufrimiento, sino que saldremos más fuertes de ella.

Fíjate en la resiliencia. Hay personas que, a pesar de todos los obstáculos que encuentran en el camino, barreras y muros que parecen infranqueables, consiguen superarse y aprovechan la situación para aprender y crecer. Es admirable cómo estas personas saben afrontar los problemas y en vez de ser «usadas» por ellos, son ellas las que los utilizan para su propio fortalecimiento. Aunque estamos de acuerdo en que el sufrimiento es indeseable, esa experiencia inevitable puede ser transformada con resiliencia. Con el tiempo, podemos aprender a ver una experiencia difícil como una etapa de crecimiento. De ella, sin duda, surgirán logros positivos si centramos nuestra energía en ello.

El trabajo de disminuir hasta erradicar las aflicciones y empezar a vivir a través de nuestras virtudes pasa por dejar de identificarnos con las primeras para empezar a darnos cuenta de que somos las segundas. Hay muros en nosotros que no deberíamos haber construido. Desde muy temprana edad nos hemos repetido como un mantra «soy así», «no puedo cambiar» o «esta es mi forma de ser». Estas expresiones son excusas susurradas por tu propia ignorancia que no quiere que veas quién eres realmente. Porque si te dieras cuenta de que eres un ser hecho de amor, compasión, generosidad y paciencia, destruirías en mil pedazos esa ignorancia. La forma de empezar a plantarle cara es que comiences a fomentar estas virtudes en ti y las nutras a diario.

Yo mismo he comprobado que el mayor grado de paz interior surge del desarrollo del amor bondadoso y la compasión. Cuanto más nos interesamos por los demás, mayor es nuestra sensación de bienestar. Cuanto más llenas tu mente con amor altruista menos espacio queda para el odio, la agresividad o la ira. Debemos integrar una serie de actitudes, cultivarlas a diario para que cualidades tan nobles iluminen nuestras vidas. Si lo hacemos, empezará el cambio. Seremos personas más acordes con nuestra propia esencia. No subestimes nunca el poder de la autotransformación. En el siguiente capítulo te mostraré poderosos recursos prácticos para que puedas vivir con sentido y experimentar un bienestar duradero.

CAPÍTULO 7

ENCIENDE TU CORAZÓN

HA LLEGADO EL MOMENTO de que enciendas tu corazón a través de una sabiduría ancestral que se ha transmitido durante generaciones. Estas ideas prácticas que espero que te sirvan de inspiración tienen su origen... ¡en el siglo VII! Deja que te cuente su historia.

Por entonces, en el Tíbet reinaba Songtsen Gampo, un monarca especialmente atraído por las enseñanzas que impartían los maestros espirituales y filósofos de la India. El rey los invitó al Tíbet porque quería transformar su pueblo. La suya era una sociedad políticamente organizada y con una temida fuerza militar, pero él deseaba mayores avances sociales y culturales. Las actitudes que te propongo están inspiradas en los valores que ese rey quería introducir en una nación que, en el futuro, sería conocida mundialmente por su serenidad y su paz interior. De hecho, esta figura histórica, atraída por las creencias de la India, fue el impulsor del budismo en el Tíbet.

Pensarás: «¿Cómo unas ideas tan antiguas pueden aplicarse en la actualidad? ¿Me van a servir a mí lo que practicaban los tibetanos hace siglos?». Por supuesto. Estas actitudes, que pueden adaptarse a nuestra vida cotidiana, son una versión moderna de aquellos conocimientos promovidos también desde hace décadas por Lama Thubten Yeshe. Es más, en su sencillez se esconde un significado muy profundo, tan valioso que organizaciones internacionales como Educación Universal lo impulsan en todo el mundo. Quiero agradecer su entusiasta colaboración para este capítulo.

El objetivo de este proyecto educativo es contribuir a la paz mundial gracias al desarrollo de la compasión y la sabiduría en todas las personas. Esta extraordinaria labor también tiene reflejo en estas páginas y, en parte, ayudarte a ti es también una forma de contribuir a mejorar la sociedad.

Si utilizas estas actitudes a diario, conocerás su enorme poder transformador, ya que lo notarás en cualquier situación cotidiana, al tomar decisiones o al relacionarte con los demás. Recuerda siempre que nuestras acciones tienen la capacidad de generar armonía en todo lo que nos rodea, o de causar dolor y discordia. Cada acción que emprendemos, por pequeña que sea, origina una cadena de acontecimientos y tiene repercusión, aunque no parezca de forma muy evidente, en otros seres. Nada de lo que hacemos es en vano.

Mi objetivo es que actives tu corazón emprendiendo estas dieciséis actitudes o caminos, pero antes tendrás que abrir cuatro puertas. En realidad, las actitudes se sustentan en cuatro ámbitos que debemos trabajar si queremos que formen parte de nuestra vida.

EL ÁMBITO DEL PENSAMIENTO

Todo lo que hacemos y decimos, lo que viene de la acción y la palabra, tiene su origen en el pensamiento. Detrás de cada emoción y de cada acción, existe un pensamiento previo. Por ejemplo, cuando estamos deprimidos, nos creemos incapaces, que no valemos para nada, que no nos quieren, que lo hacemos todo mal, y vemos el presente y el futuro muy negro. Pero antes de la tormenta, las nubes cargadas de lluvia estarán en nuestra cabeza. Nuestra mente tiene el poder de hacernos creer afirmaciones así sobre nosotros mismos, pero, como ya sabes, también tiene el poder para hacernos ver las cosas de otra manera y cambiar nuestra conducta y forma de vivir.

¿Qué actitudes se incluyen en este ámbito? La humildad, la paciencia, la satisfacción y la alegría.

EL ÁMBITO DE LA ACCIÓN

Como te conté cuando hablamos del karma, las acciones positivas contribuyen a un mundo mejor. Entre las dieciséis actitudes, encontrarás algunas que se centran en nuestras acciones, porque tienen que ver directamente con lo que hacemos y sus consecuencias.

¿Qué actitudes se incluyen en este ámbito? La bondad, la honestidad, la generosidad y el habla positiva.

EL ÁMBITO DE LAS RELACIONES

Algunas de estas actitudes corresponden al ámbito de relacionarse con los demás. Por ejemplo, el altruismo. Porque si cuidamos de otras personas y las tenemos en cuenta, también generamos bienestar para nosotros.

¿Qué actitudes se incluyen en este ámbito? El respeto, el perdón, la gratitud y la lealtad.

EL ÁMBITO PARA ENCONTRAR EL SENTIDO DE LA VIDA

Todo es posible, porque como todo cambia constantemente, nosotros también podemos cambiar y mejorar el rumbo de nuestras vidas. Verás actitudes que tienen mucho que ver con ampliar nuestra estrechez de miras para explorar nuevos territorios y encontrar sentido a la existencia.

¿Qué actitudes se agrupan en este ámbito? Las aspiraciones, los principios, el altruismo y la valentía.

Si reflexionamos a menudo sobre estos cuatro ámbitos, mejoraremos las dieciséis actitudes que deseamos potenciar. En muchas de ellas reconocerás valores de distintas tradiciones filosóficas y espirituales, pero estoy convencido de que las mirarás con nuevos ojos. Te propongo redescubrirlas desde ahora y sacarles todo el partido posible. No solo te conducirán a la felicidad genuina, sino que, como el mejor antídoto, te ayudarán a plantar cara a las aflicciones mentales que tanto sufrimiento pueden causarte. Por ello, además de explicarte cada una de las actitudes, destaco la emoción negativa que logran disipar.

1. La humildad (el antídoto del orgullo)

La humildad nos hace experimentar la vida con los ojos de un niño que está empezando a descubrir el mundo. Si eres humilde te verás como una pequeña parte de un vasto cosmos habitado por personas y criaturas de las que siempre se puede aprender. ¿Son las personas humildes débiles y conformistas? Jamás. La humildad requiere fortaleza y altas dosis de calma y serenidad. No hace falta que seamos enérgicos siempre que queramos dar nuestro punto de vista. Una persona humilde nunca tendrá ese comportamiento. Podemos ser asertivos sin imponer nuestras ideas con orgullo. Si practicas la humildad, verás siempre más allá de tu punto de vista. Estoy convencido de que —si es que no lo eres ya— puedes ser una persona empática, ponerte en el lugar del otro sin mancillar tu ego, siendo consciente de que no eres un ser superior.

La humildad hace que reconozcamos como válidos los intereses de todo el mundo y que creamos que los seres humanos dependemos unos de los otros. ¿Recuerdas cuando te hablaba del apego y de los males de ver el mundo siempre desde tu postura egocéntrica? La humildad hará que salgamos de ese círculo vicioso del *yo* para prestar atención a los demás con una sonrisa y escucharlos siempre que lo necesiten. Hay quien lo llama *inteligencia emocional.* Incluso hay quien piensa que las personas verdaderamente humildes son las mejores ciudadanas del mundo. Si eres de los que piensan que todo lo que disfrutas o consumes depende también del trabajo previo de otros, como una red colaborativa que se extiende por todo el planeta, tienes una visión muy acertada de la realidad. Las personas humildes influyen positivamente en la vida de los demás.

De la misma forma, una persona humilde también se mostrará confiada cuando tenga que pedir ayuda. No le costará hacerlo. Y es que esa ayuda, esa necesidad de consejo y de aprender de todo lo que pueden aportarnos los demás no es una amenaza para nuestro valor. Alguien humilde tiene la suficiente confianza en sí mismo para reconocer sus propias limitaciones y tratar de mejorar sin ponerse por delante de los demás. Esa actitud respetuosa hace que los seres humanos nos acerquemos los unos a los otros y aparquemos cualquier signo de soberbia u orgullo. Porque todos y cada uno de nosotros tenemos cosas que decir y cosas que aportar.

La humildad tiene que ser el punto de partida de nuestra transformación, ya que sin humildad pensaremos que no nos queda nada por aprender y que no necesitamos crecer ni desarrollarnos como personas. Su potencial es extraordinario.

2. La paciencia (el antídoto del enfado)

¿Crees que en la vida todo va a ir como la seda? Sabes que no. Todos nos hemos enfadado alguna vez. En aquellos momentos en los que la ira asome, deberás agarrarte con fuerza a la paciencia. Si bien es cierto que no todo el mundo tiene una personalidad paciente, todos podemos cultivar este eficaz antídoto contra el enfado, la insatisfacción o la frustración. «Si no practicas la paciencia, dañas a otros y, por consiguiente, te dañas a ti mismo», asegura Lama Zopa Rinpoché. Así, gracias a la paciencia, creas la causa de tu felicidad y ayudas a otros seres a experimentarla también.

Si lo piensas detenidamente, ser paciente tiene que ver con utilizar el poder de la mente. Lo más fácil es reaccionar con enfado ante una ofensa. Lo más difícil, pero también lo más acertado, es resistir con calma aplicando la paciencia. Esta actitud nos protege y nos ayuda a controlar nuestras reacciones manteniendo la calma interior. Además, la paciencia hace que podamos reflexionar para entender por qué la persona que nos ha herido ha actuado de esa forma.

Piensa si normalmente reaccionas con paciencia ante cualquier ataque, por muy doloroso que sea. Esto no significa conformarse. Significa no dejarse llevar por los impulsos y reaccionar con control incluso cuando te hacen daño deliberadamente. ¿Cuántas veces una respuesta airada te ha conducido a la violencia? Se puede ser violento levantando la voz o gritando. Cuando el enfado se desata es muy difícil de controlar. Aunque cueste, resulta más efectivo pensar una, dos o tres veces antes de que la cólera nos domine. La paciencia hará que tomes cualquier medida con tranquilidad. Todos somos mucho más eficaces así que si nos descontrolamos cegados por la rabia.

Lama Zopa Rinpoché reflexiona sobre algo en lo que no podría estar más de acuerdo: «La historia nos muestra, en diferentes momentos y diferentes lugares del mundo, a personas influyentes que no han practicado la paciencia». Eso y la falta de valores humanitarios «han causado la muerte de millones de personas.

Como resultado, millones de personas han padecido un sufrimiento extraordinario, al ser encarceladas, torturadas y asesinadas: durante la época de Hitler, en China, en Tíbet, en Camboya…, en muchos otros países». Incluso ahora, por no practicar la paciencia y no respetar los derechos humanos, «ciertos individuos están matando a muchas personas. Carecen de las cualidades que hacen buena a una persona».

El maestro dijo estas palabras en Boston (Estados Unidos), en 1998. Por desgracia, son palabras que no parecen pasar de moda. ¿No te hacen pensar en los conflictos que todavía hoy se libran en el mundo? Liberar nuestra mente del enfado, mediante la paciencia, es un pasaporte hacia la felicidad. Si alguien te hace perder los nervios y te suele enfadar, míralo de otra forma: aprovéchate, convierte la afrenta en un desafío y utiliza esta circunstancia para ponerte a prueba y cultivar esta extraordinaria actitud.

3. La satisfacción (el antídoto del apego ansioso)

La satisfacción nos libra de los deseos insaciables, de ese apego ansioso que nos hace avanzar a ciegas y nos impulsa a seguir deseando sin lograr saciarnos. Podrías pensar que el insatisfecho siempre quiere más. Pero no solo experimenta esa sensación, sino que nunca está contento con lo que le llega. Cuando uno se siente satisfecho, está abierto a dar y a recibir de los demás sin que le parezca poco lo que hace, ni lo que recibe. No es que se conforme, es que se siente tan en paz consigo mismo que no necesita más de lo que tiene. Es como si alcanzase un estado interior tan equilibrado que la frustración no tiene cabida en su vida.

No debemos confundir la satisfacción con el conformismo. La insatisfacción no tiene únicamente que ver con cuestiones materiales, aquellas que nos impulsan a consumir sin freno y con la sensación de que nunca terminarán por llenarnos. Toda persona satisfecha camina con los pies en la tierra y se siente colmada. No desborda a los demás con su deseo insaciable.

Lama Zopa Rinpoché afirma que, en la medida en que sentimos menos deseo, sentimos también menos dolor. El deseo desmedido nunca nos permitirá estar en paz. Piensa en lo que uno podría ser capaz de hacer por conseguir cumplir con ese apego ansioso. Puede que causes daño o te aproveches de los demás, porque cada vez querrás más cosas y con más urgencia. ¿Podrías ser capaz de pisar a alguien con tal de conseguirlas? La satisfacción nos libera de la sensación de que «no es suficiente» o de que «no somos lo suficiente». ¿Cuántas veces te has perdido alguno de tus logros porque has creído que no era suficiente? ¿O porque crees que tú no eres lo bastante bueno? La satisfacción permite calmarnos y centrar nuestra energía en lo que verdaderamente importa, en lo que está yendo bien. Seguro que son muchas más cosas de las que imaginas.

Podemos tomarnos unos minutos al inicio de cada día para hacer una lista de todas las cosas, momentos y personas hermosas que inundan nuestra vida. Recordemos esas amistades que nos apoyan y nos enriquecen la vida, los techos y muros que nos resguardan de los elementos, el agua fresca y potable que sale del grifo solo con girarlo, la generosidad de cada persona que nos ha enseñado algo alguna vez... En realidad, si nos ponemos con ello, ¡la lista de nuestras riquezas sería infinita! Con este sencillo ejercicio nos acostumbramos a dirigir la mirada a todas las cosas buenas que nos ofrece la vida a diario en lugar de enfocarnos en sus huecos. Si nos adiestramos gradualmente en el arte de la satisfacción, siempre poseeremos una gran riqueza.

4. La alegría (el antídoto de los celos y la tristeza)

Como ya sabes, nuestra vida también se fundamenta en la actitud y podemos elegir que esta sea de alegría. ¿Cómo definirla? La alegría es la sensación maravillosa que experimentamos cuando pasa algo bueno, ya sea a nosotros o a las personas que queremos y que forman parte de nuestra vida. Es como esa increíble explosión que sentimos, por ejemplo, con el nacimiento de un bebé. Yo he sido padre y sé de lo que hablo. Pero también soy abuelo. Si pienso en mis hijos y mis nietos, en cuando llegaron al mundo, he sentido esa hermosa sensación de alegría al saber que han venido sanos al mundo. Esos momentos encienden el corazón de cualquiera.

Sentir alegría es como situarse en el bando ganador. Los seres alegres tienen más opciones de vencer cualquier adversidad, por muy difícil que sea, o, al menos, de percibirla con colores más vivos y luminosos. Seguro que tienes algún amigo, amiga o familiar con quien siempre te apetece quedar porque te llena de energía positiva. Las personas alegres son carismáticas, son fácilmente detectables porque todo el mundo quiere estar a su lado y contagiarse de su luz.

¿Crees que no puedes ser alegre? Puede que no te definas como tal y que consideres que con la que está cayendo en el mundo, como para sentirse alegre... Pues bien, pensar así es un error. En tu mano está empezar, primero, por fijarte en lo que está bien y no en lo que está mal. Si aprendemos a fijarnos más en los ejemplos positivos, podemos experimentar mayor alegría. Debemos celebrar la vida intensamente, hacerlo con entusiasmo, y quedarnos con el disfrute consciente de las pequeñas cosas. La suma de todas ellas comprende, casi siempre, nuestro día a día.

¿Cuándo fue la última vez que te alegraste por algo? Reflexiona. ¿Crees que al final del día no puedes alegrarte por algo que te haya sucedido hoy? Cualquier detalle cuenta. Apuesto a que eres capaz de encontrar esa alegría en ti. Gracias a ella, cuando surja un pensamiento negativo sobre ti o sobre los demás, podrás lidiar con él. Si incluyes esta actitud en tu estado de ánimo siempre que puedas, las aflicciones mentales perderán la fuerza que tenían antaño. Si haces esto a menudo, te será mucho más fácil alegrarte por las buenas noticias que afecten a otras personas o por aquellos que nos rodean. Y lo harás evitando compararte continuamente con los demás y alejando de ti el veneno de los celos o la tristeza. Tienes motivos para alegrarte, te lo aseguro.

5. La bondad (el antídoto del egoísmo)

¿Quién no conoce la bondad? Esta extraordinaria virtud es un arma poderosa contra el egoísmo; si la cultivamos, vemos más allá de nosotros mismos, porque el que actúa con bondad desea que todos los seres sean felices. Las personas bondadosas brindan afecto a los demás, son cordiales y comprensivas, generosas, respetuosas y justas. Es más, todos los seres vivos necesitan ser tratados con bondad y, curiosamente, todas las especies tratan de proporcionarse sustento —alimentos y cobijo— con gestos de bondad.

El ser humano puede ser bondadoso de muchas maneras. Puedes ponerte el listón bien alto y disponerte a cumplir con hermosas gestas, como acudir a aquellos lugares donde más ayuda se requiere. Qué hermoso ejemplo nos brindan infinidad de personas, de tantos países distintos, dando todo tipo de ayuda material y también ofreciendo su casa a los millones de refugiados que lo han perdido todo por la guerra. Si eres alguno de ellos, la bondad no solo es un propósito, sino que reside en ti. Sin ánimo de implicarte hasta ese extremo, propongo que empieces primero por fijarte en aquellos pequeños actos de bondad cotidiana que están al alcance de todos. Como diría la Madre Teresa de Calcuta, «ve a casa y ama a tu familia». Se pueden hacer pequeñas grandes cosas con amor.

Te diré una que podrías hacer ahora mismo. Piensa en un amigo o familiar que esté pasando por un mal momento. Estoy convencido de que tienes una llamada o una visita pendiente porque así te lo dicta tu conciencia. Escuchar a quien necesita comprensión y desahogo es un acto de bondad muy claro. Seguro que cuando lo has hecho, te has sentido mejor contigo mismo. No pretendo que lo hagas pensando en ti, sino que esto te demuestra hasta qué punto las buenas acciones hacia los demás tienen una repercusión positiva en tu bienestar personal. Cuando sentimos que fallamos a los demás, también sabemos que nos fallamos a nosotros mismos. Imagínate si todos hiciésemos esas llamadas pendientes, diésemos abrazos reconfortantes y sonriésemos a quien requiere atención. Cuántos corazones podrían activarse de inmediato, ¿verdad?

Por último, respecto a la bondad, solo me cabe decirte que el gran reto es ser bondadoso con quien no ha desarrollado todavía esta capacidad. Ser amable con quien no lo es, muchas veces, descoloca a la otra persona, tanto que le muestra cuál es el buen camino. Cuando te hablé de las aflicciones mentales, mencioné que las personas que nos hacen daño, en lugar de ser nuestros enemigos, son nuestros verdaderos maestros. Tarde o temprano, aplicar la bondad como reacción a la hostilidad es una fórmula infalible. Tampoco te olvides de que puede que esa hostilidad resida en ti. ¿Y si no te tratas con suficiente bondad? ¿Y si eres tú tu propio enemigo? Sé compasivo contigo, porque si aprendes a tratarte a ti mismo con bondad, calmarás tu dolor y podrás superar tus miedos.

6. La honestidad (el antídoto de la falsedad y la mentira)

Todos tenemos la posibilidad de ser claros y honestos con nosotros mismos y con los demás. Ser honesto es ser respetuoso, porque valoras los deseos y las necesidades de las otras personas. La honestidad demostrará hasta qué punto te importan. Cuando escribo sobre esta actitud no puedo evitar reflexionar sobre mí. Hubo un momento en mi vida en el que tuve que ser profundamente honesto conmigo mismo y con mi familia. No fue fácil decidirme a cambiar el camino que hasta entonces había mantenido. Podría haber seguido como hasta entonces, con una vida convencional, en un entorno seguro y cerca de mi familia en todo momento, pero fui fiel a la llamada que sentí en mi interior. Tras mucha reflexión, fui dando pequeños pasos hasta la decisión final de buscar el autoconocimiento y dar el gran paso de hacerme monje. Fui honesto conmigo mismo y también con mis seres queridos. De hecho, como en todo, hay que empezar por uno para transmitir esta maravillosa sensación a los demás. Todavía me emociono al recordar la conversación que tuve con mi madre o qué les dije a mis hijos. Por mucho que cueste, no hay nada más conciliador que ser fiel a tus principios. Cuando uno es honesto puede mirarse tranquilamente al espejo. Seguro que te gustará su reflejo.

El brillo de esta virtud reluce cuando las personas honestas se relacionan entre sí, mejorando la confianza entre los seres humanos. La honestidad es tremendamente necesaria si queremos que el mundo sea un lugar justo, alejado de las tensiones. Imagínate si cada una de las personas que lo habitan actuasen de forma transparente y limpia, si jugasen limpio, si sus intenciones fuesen loables.

¿Has pensado en el engaño? La honestidad es el antídoto de la mentira y la falsedad. Sí, todos hemos renunciado a la verdad o exagerado —sabiendo que caíamos en la mentira— alguna vez. También todos nos hemos sentido engañados. Muchas relaciones personales terminan por romperse por culpa de este veneno, uno de los más dañinos en nuestra sociedad.

Sabemos el daño que podemos causar siendo deshonestos. Una vez que quebrantamos la confianza de alguien, es muy difícil volver a ganarla. El que se siente traicionado, incrédulo por lo vivido, ve cómo crece su indignación hasta llegar a la tristeza. Para algunas personas, las consecuencias pueden ser devastadoras. Pero hay una manera de evitarlo: ser honestos. Y si nos equivocamos eligiendo el camino del engaño, podemos recapacitar para evitar males mayores y volver a la casilla de salida: la de la honestidad. Siempre tenemos la posibilidad de romper con el patrón de vida que nos ha llevado a la mentira. Y si sientes remordimientos, piensa en cómo puedes transformar esos pensamientos en una acción positiva.

7. La generosidad (el antídoto de la codicia)

Algunas personas confunden la generosidad con dar aquello que les sobra y que no les interesa. Esta actitud nos pone verdaderamente a prueba, ya que aquel que es generoso es capaz de desprenderse de lo más valioso con tal de ayudar a los demás. ¿Ha de ser algo material? No siempre. Satisfecho con lo que tienes, también puedes ofrecer tu tiempo y tu energía al prójimo. Y lo harás con total convencimiento, sintiéndote en paz y alegre por tu gesto.

Nuestro corazón nota de inmediato cuándo un acto es fruto de la generosidad. Sentimos cierto recelo cuando alguien nos da algo con una intención oculta y ninguna desconfianza cuando nos lo ofrece con total entusiasmo. Cuando es de verdad, es un acto espontáneo. Además, el que da de corazón no espera nunca nada a cambio.

Si tienes muchas cosas, querrás mantenerlas. Perderlas te dará mucho miedo. En cambio, desprenderse de los bienes materiales aligera nuestro equipaje. Te sorprendería lo bien que uno se siente cuando posee menos cosas. Recuerda que no tiene mucho sentido acumular bienes si no vas a compartirlos, y que, cuando morimos, no nos llevamos nada con nosotros. Nos vamos tal y como llegamos al mundo: con lo puesto. No te estoy diciendo que ahora mismo te desprendas de todo y que apenas conserves nada para ti. Sí te invito a que recapacites sobre lo que posees, pienses en cómo desarrollar tu capacidad de ser generoso y no pierdas la oportunidad de ejercerla con los demás.

Creo que la pandemia nos dio la oportunidad de sacar lo mejor de nosotros mismos y de ser generosos con nuestro entorno, con aquellos ancianos que no podían salir a comprar o con aquellos enfermos que necesitaban cuidados y estaban solos. Muchas personas sintieron el valor de encontrarse integradas en una comunidad solidaria y generosa. Te pido que, en la medida que puedas, experimentes la satisfacción de actuar con generosidad. Todo el mundo tiene algo que poder dar a los demás.

8. El habla positiva (el antídoto de la crítica destructiva)

Vale la pena que analices las palabras y las expresiones que utilizas para dirigirte a los demás o, incluso, para hablarte a ti mismo. La forma en cómo hablamos define nuestra personalidad y demuestra nuestra visión de las cosas. Utilizar la palabra de forma inteligente no es fácil y puede que muchas veces nos equivoquemos con los juicios que emitimos en voz alta. El habla positiva es una herramienta muy eficaz si queremos tender puentes entre las personas y relacionarnos mejor con los demás. ¿Cuándo fue la última vez que dijiste algo bueno a alguien? ¿Y de alguien? La crítica destructiva y las palabras vacías, el hablar por hablar, no escuchar lo que nos dicen, lanzar rumores y difundir los secretos de los demás son ejemplos de habla negativa.

Dirás que las palabras no son hechos y que los hechos son los que realmente cuentan. No siempre es así. Por descontado, la acción tiene una fuerza muy poderosa, pero las palabras hirientes traen consigo el conflicto, causan tristeza y nos hacen abandonar toda esperanza. Además, no olvides nunca que también actuamos con la palabra. Lo hacemos continuamente. Analiza cómo te diriges a los demás y qué lenguaje utilizas. ¡Siembra karma positivo con tu voz! Cuando alguien nos habla con comprensión y con el propósito de ayudarnos, sentimos una gran satisfacción. El parloteo constante, por el contrario, suele estar vacío de contenido y nos deja exhaustos —tanto al que lo ejerce como al que lo escucha—. Por último, practica el silencio si no tienes nada verdaderamente valioso que decir. El silencio es la expresión de una mente en calma. Comparte esos momentos de serenidad y ofrece a las personas el espacio necesario para que te cuenten lo que precisen. Todos necesitamos a esa persona que siempre nos escucha con paciencia y bondad. Conviértete tú también en especial para los demás.

9. El respeto (el antídoto contra el desprecio y la intolerancia)

El respeto nos recuerda que todos debemos ser tomados en consideración, que no hay nadie que merezca ser más respetado que otros. Todos los seres humanos son eso, humanos, como tú. Esta actitud nos enseña que cada uno de nosotros tiene las mismas necesidades básicas que los demás, ya sean físicas, psicológicas o espirituales. Si tenemos la suficiente humildad, cultivaremos el respeto observando a nuestro alrededor. En ocasiones, esta actitud tiene mucho que ver con la admiración que nos causa alguien. Normalmente, tomamos a las personas que más respetamos como modelo de vida y ejemplo. Muchos de nosotros lo hacemos por primera vez con nuestros padres, el aprendizaje que comenzamos en la infancia hace que nos fijemos en ellos y que adoptemos su modelo de conducta. Imagínate el efecto multiplicador que tiene haber gozado de una educación respetuosa desde el principio. Sus valores son extraordinarios.

Mostrar respeto a los demás implica aceptar su forma de ser y de vivir, evitar juzgarlos y no sentirnos superiores ante la diferencia. ¿Qué hace ese jefe que desprecia a sus empleados y no los pone en valor? Tratar sin respeto a los demás causa mucho sufrimiento, algo que también se volverá, bien seguro, en nuestra contra. Todo el mundo se siente mal si no recibe esa atención de quien está a su alrededor. A veces podemos, incluso, perder la confianza en nosotros mismos si somos la diana de una actitud o de una palabra irrespetuosa. Apreciar a los demás nos ayuda a vivir en armonía.

10. El perdón (el antídoto de la culpabilidad y el rencor)

A algunas personas les cuesta demasiado pedir perdón. Les es muy difícil bajar del pedestal en el que se encuentran y admitir que se han equivocado o, sencillamente, sienten vergüenza y no se ven capaces de enfrentarse al dolor que han causado. Sin embargo, el perdón purifica. Decir perdón no es únicamente expresarlo con palabras, sino que implica haber aprendido de la acción que fue dañina. Debemos darnos cuenta de que esa acción ha sido negativa para no volver a cometerla y corregir así nuestra actitud empezando por el perdón. No es fácil admitirlo, requiere honestidad y valentía, sobre todo, si queremos vernos a nosotros mismos cara a cara. El deseo de reconciliación ha de ser profundo y verdadero.

¿Y si somos nosotros los que debemos ejercer el perdón hacia los demás? Piensa en una persona que te haya hecho daño y a quien no diriges la palabra por el dolor que te causó. ¿Sientes rencor cuando te la imaginas? Sé que es difícil perdonar cuando el mal generado ha sido extremo. Hay personas que han sido víctimas de actos atroces y que, con el tiempo, han sido capaces de perdonar al causante. En estos casos, su virtud resulta admirable. Sin embargo, el perdón les ha servido para aliviar el sufrimiento, porque vivir con ira y rencor amarga la existencia de cualquiera.

Perdonar no es olvidar, pero sí nos permite deshacernos de las actitudes destructivas que nos atan al pasado y no nos dejan mirar hacia delante. El perdón hace que salgamos del círculo vicioso de la culpa y del resentimiento, tan agotadores y difíciles de sobrellevar en nuestro día a día. Todo el mundo tiene capacidad para perdonar y reconciliarse. Cuanto más perdonamos, más ligeros nos sentimos. Es como si la losa que pesaba sobre nosotros desapareciese. Es un acto de bondad que beneficia las relaciones humanas, siempre tan complejas.

Te invito a que pienses en alguien que te haya causado daño o te haga enfadar. No importa que hayan pasado muchos años. Reflexiona sobre lo que sucedió y demuéstrate que eres capaz de perdonarle, pero no te olvides de analizar bien cuál ha sido el agravio. ¿Tienes la seguridad de que fue por él o por ella, o es cosa de tus expectativas? A veces no somos realistas con nuestras necesidades, y nos volvemos extremadamente exigentes con los demás.

11. La gratitud (el antídoto de la soberbia)

Cuando alguien hace el bien y eso repercute en nosotros, debemos sentirnos tremendamente gratificados. En este caso desearemos, seguro, devolverle ese mismo gesto. La gratitud implica apoyo mutuo. Tal y como señala el proyecto Educación Universal, esta actitud es una forma de generosidad que fortalece los vínculos y alivia la tensión, la rabia y el resentimiento. El agradecimiento nos hace sentir bien, tanto si lo damos como si lo recibimos. ¿Qué nos demuestra esta actitud? Que no somos del todo autosuficientes, que nos necesitamos los unos a los otros y que formamos parte de una cadena en constante cambio.

Hace unos años, recuerdo que muchos expertos hablaban sobre el gran impacto en nuestra vida que tenía dar las gracias. Decirlo siempre mejora las relaciones humanas. Nunca hay que dar por sentado lo que nos ofrecen los demás, aunque cumplan con su deber. Al médico que nos cura hay que agradecerle su dedicación, como también a quien nos cuida de corazón o al amigo que nos hace un favor. Porque sí, también dependemos de los demás. Con ese «gracias», siempre que sea sincero, reconocemos a quien está contribuyendo a nuestro bienestar, le damos aliento para que siga actuando así y fortalecemos su autoestima. Si no agradecemos la ayuda recibida, si la damos por sentada, es como si no le concediésemos valor y despreciáramos su contribución.

Con la gratitud puede pasarnos algo similar a pedir perdón. Muchas veces se convierte en una cuenta pendiente, ya que sentimos que no hemos sido lo suficientemente agradecidos con algunas personas que tanto nos han dado en la vida y que hemos dejado pasar la oportunidad de demostrárselo. Debo decirte que nunca es tarde para devolver esa acción o, al menos, para dar las gracias por el amor recibido. Expande ese sentimiento de gratitud y de cariño tanto como puedas y hazle saber a quien te ha ayudado lo mucho que ha significado para ti.

12. La lealtad (el antídoto de la deslealtad y la traición)

Cuando no podemos confiar en la lealtad de los demás nos sentimos inseguros. Si somos leales a nuestro círculo, es más probable que recibamos lealtad también por su parte. Mantener la fidelidad de los nuestros, familiares y amigos, requiere dedicación. Un amigo leal hará todo lo que esté a su alcance para tratarnos con paciencia y perdonarnos si le hemos fallado, además de que no nos juzgará. Será nuestro soporte vital pase lo que pase. La suya no es una lealtad ciega, sino constructiva, ya que sabrá cuestionar lo cuestionable sin herirnos.

Todo está en proceso de cambio, también nosotros mismos, así que las relaciones evolucionan, aunque en ocasiones no sea como nos gustaría. Mantenernos fieles a estas, a pesar de su transformación, pone a prueba esta loable actitud. Si logramos esa fidelidad en nuestra relación con los demás es porque nuestros vínculos son lo bastante sólidos. Nada los puede romper, ni siquiera el paso del tiempo. En mi caso, tengo la suerte de contar con personas que permanecen ahí, a mi lado, desde siempre. Aunque no las vea, sé que están ahí. Son mis incondicionales. Piensa en quiénes son los tuyos y si tú actúas también así con ellos.

Sin embargo, el gran reto es tener una actitud fiel a los principios del ser humano, más allá de nuestros seres queridos. Una persona leal actúa con nobleza, es solidaria también con aquellas personas a las que no conoce y defiende el bien común por encima de intereses personales. Algunos ven a este tipo de seres como los defensores de las causas perdidas en el mundo. No creo que haya una sola causa solidaria que no merezca nuestra dedicación.

13. Las aspiraciones (el antídoto de la apatía y la inacción)

El mundo está a la disposición de todos. Imagínate caminar por la calle y mantener la mirada siempre a la misma altura. Cuando hagas ese recorrido una y otra vez, siempre verás lo mismo. Pero ¿has probado a levantar la vista y mirar más arriba? Seguro que te has encontrado con una realidad nueva y sorprendente. Observar las cosas desde otro punto de vista nos ofrece un mundo lleno de posibilidades. Nuestras aspiraciones a veces se encuentran ocultas en nuestro interior, porque hasta el momento hemos sido incapaces de experimentar la vida de otra manera. Hay tantas formas de vivirla como seres distintos en este mundo. Tener aspiraciones no solo alimenta nuestra esperanza, sino que nos convierte en individuos activos para impulsar el cambio que deseamos. Las aspiraciones son un llamamiento a la acción. Nos hacen sentir vivos.

Trabajamos, dormimos, nos relacionamos, nos divertimos, experimentamos momentos de placer, sufrimos... Sin embargo, ¿tienes algo más que aportar al mundo? «Un árbol tan grande que los brazos de un hombre apenas logran rodear crece a partir de un tierno y minúsculo brote; una torre de nueve pisos surge de un puñado de tierra; un viaje de mil kilómetros empieza con un solo paso...», dice Lao-Tse. Observa a tu alrededor y abre tus sentidos. Seguro que puedes ampliar esta cita del filósofo chino con más ejemplos. Podemos conseguir grandes logros con pequeñas decisiones que están al alcance de todos.

Contar con un maestro que nos guíe, disponer de enseñanzas que nos hagan reflexionar y compartir una misma forma de pensar con los demás son tres pilares básicos para canalizar y explorar nuestras aspiraciones. Espero que este libro te esté ayudando a emprender un nuevo viaje, además de verte a ti y al mundo desde una nueva perspectiva.

14. Los principios (el antídoto de la inconsciencia)

No estamos en la vida únicamente para reaccionar ante lo que nos sucede, sino que debemos movernos de una manera acorde con nuestros principios. Podría definirlos como el referente de lo que somos y de aquello que queremos hacer con nuestras vidas. Esta actitud está muy unida a la consciencia y a nuestra parte más racional. Cuando pensamos y actuamos de forma consciente, lo hacemos utilizando una serie de compromisos o reglas personales. Los principios nos dan fuerza y nos mantienen firmes en nuestros propósitos. Si nos alejamos de nuestros valores, terminamos convirtiéndonos en víctimas de las circunstancias. Si alguna vez te has sentido en la obligación de actuar en contra de tus creencias más firmes, seguramente te habrás enfadado contigo o habrás experimentado decepción. Es como si te fallases a ti mismo. Puede que te haya pasado por contentar a los demás o porque alguna persona ha influido en ti, y con el tiempo te has dado cuenta de que ese poder es una influencia negativa.

No te olvides nunca de que en el camino del autodescubrimiento hallarás tu propia voz. Puede que, a lo largo de este viaje, cambies de opinión y que ahora se revelen otros valores mucho más consistentes. Es parte de tu crecimiento espiritual. En cualquier caso, considera siempre tus principios como una marca de identidad que inspirará confianza en los demás, que le dice al mundo quién eres, cómo actúas y qué representas.

Me gustaría que reflexionases sobre cuáles son los principios que rigen tu vida. Coge una hoja de papel y anótalos. Ahora, piensa si tus pensamientos y tus acciones se corresponden con ellos. Si no es así, pon de tu parte para hacerlo.

15. El altruismo (el antídoto del egoísmo)

Las personas que ayudan en todo momento a los demás actúan de ese modo porque aporta sentido y alegría a sus vidas. De nuevo, busca los pequeños gestos llenos de amor y generosidad hacia los demás. Cualquier situación o lugar esconde una oportunidad para poner en práctica esta actitud. En el segundo capítulo del libro, al hablar de la felicidad, argumenté que el altruismo está relacionado con la verdadera felicidad. No deseo extenderme mucho más, pero sí dejar claros algunos mensajes.

Hay personas que se consideran buenas, pero que no se ven capaces de enfrentarse al sufrimiento ajeno. Que prefieren no actuar de forma altruista, por ejemplo, no llevando a cabo tareas de voluntariado, porque eso les produce dolor. Así que optan por centrar su atención en asuntos más agradables. Vuelven a equivocarse. Si nos abrimos de esa forma a los demás sin esperar nada a cambio, revisaremos nuestra vida, recapacitaremos sobre lo que verdaderamente importa y es muy probable que nos sintamos muchísimo más dichosos y satisfechos con lo que tenemos. Ayudar a los demás nos hace salir de la visión tan estrecha que supone centrarnos en nosotros mismos.

16. La valentía (el antídoto de la cobardía y la inflexibilidad)

La valentía implica flexibilidad, ver, sentir y darse cuenta de que podemos hacer un esfuerzo mayor del que estamos haciendo, de que podemos actuar de forma diferente. Somos valientes cuando reconocemos nuestros miedos y logramos emprender acciones que no se limiten a adentrarnos, únicamente, en un terreno conocido. Gracias a esta actitud, desarrollaremos la determinación de hacer algo y llevarlo a cabo a pesar de los obstáculos. La valentía nos impulsa, aunque no a ciegas ni a cualquier precio, sino con un objetivo. Da vértigo salir de nuestra zona de confort, de una vida apegada a la comodidad, de ese espacio seguro, ¿verdad? Te sorprenderías de lo que todos somos capaces de lograr si incorporamos esta actitud a nuestras experiencias. El valor nos recuerda que la vida es emocionante.

Todas nuestras acciones comportan riesgos y recompensas, pero, por encima de todo, los actos de valentía estimulan e inspiran a los demás. Nos hacen ver que el viaje está lleno de dificultades, pero también que las podemos superar. Ver que alguien lo ha conseguido antes que nosotros puede reafirmar la confianza en nosotros mismos y también en todos los seres humanos.

Me gustaría acabar este capítulo con una cita y su luminoso mensaje. Estas son palabras del célebre psiquiatra y escritor Viktor Frankl, autor de *El hombre en busca de sentido*.[1] Él dice: «Al hombre se le puede arrebatar todo salvo una cosa: la última de las libertades humanas —la elección de la actitud personal que debe adoptar frente al destino— para decidir su propio camino». Frankl sobrevivió al horror de Auschwitz. Y la lucidez de su reflexión hace que me pregunte: ¿de verdad tú no vas a ser capaz de asumir la responsabilidad de tomar las riendas de tu vida?

---

1 Barcelona, Herder, 2015.

CAPÍTULO 8

SILENCIA TU MENTE

TAL VEZ CREAS QUE TE CONOCES LO SUFICIENTE. Siento decirte que la mayoría de las personas desconocen su verdadera esencia. En cambio, una vez que descubres el verdadero valor de la meditación, te das cuenta de lo poco que te conocías. La meditación es el camino para la estabilidad mental, el desarrollo intuitivo y la sabiduría, una herramienta indispensable que nos lleva a la comprensión profunda de nosotros mismos, que nos ayuda a superar los engaños que velan nuestra mente y nos impiden ser felices. Meditar te aportará luz, aquella que te guiará para que encuentres la mejor forma de vivir, sabiendo qué tienes que eliminar y qué debes desarrollar en tu mente para tener una mejor experiencia de ti y del mundo que te rodea. La mejor noticia es que es una práctica que todos podemos aprender.

Hace casi treinta años viví una experiencia que no solo influiría en mi vida de entonces, sino que se convertiría en un gran pilar en mi futuro. En 1991, comencé a practicar la meditación con maestros cualificados de la tradición budista Soto, una de las escuelas zen del budismo japonés. Mi primera meditación fue en una cueva del Sacromonte en Granada. Acudí muy ilusionado a diversas sesiones dirigidas por la maestra y monja zen Bárbara Kosen, discípula del maestro Deshimaru, el primer gran maestro zen japonés que llegó a Europa. Todavía hoy puedo recordar lo que experimenté en aquella silenciosa cueva junto a otras personas que, como yo, acudieron allí esperanzadas en busca de respuestas.

Recuerdo el dolor de mis piernas, mis rodillas y mi espalda, sobre todo en los últimos minutos de cada sesión, instantes que se me hacían eternos. Mi mente era como un mono inquieto saltando de rama en rama. Los pensamientos, las sensaciones, las emociones y los recuerdos no paraban. Mi mente, imposible de controlar, volaba, llevándome de un lugar a otro, transitando por todas mis preocupaciones, tareas pendientes y proyectos futuros. Tampoco podía evitar llorar mientras seguía las indicaciones de los monjes y permanecía en silencio intentando dejar de lado todas las incomodidades que sentía. Tenía unas ganas inmensas de acabar. «¿Es esto normal? ¿No se supone que esta práctica va a ser buena para mí?», me preguntaba. Hasta entonces yo había meditado por mi cuenta a partir de lo que aprendía de los libros, en mi casa, pero mis experiencias no podían compararse a lo que estaba sintiendo con aquellos monjes. A pesar de todas las dificultades, seguí sentado y sin moverme hasta que finalizaron las sesiones para no molestar a mis compañeros.

Los monjes zen dicen que los últimos minutos de la meditación son los mejores, cuando ya no puedes más y el dolor es más intenso. Entonces no lo entendía. No era consciente de las fuerzas que estaban operando dentro de mí, ni de cómo me estaban transformando. En aquel momento no supe hasta qué punto les estaría agradecido durante el resto de mi vida.

Con el paso del tiempo, todos aquellos obstáculos irían desapareciendo. Las incomodidades físicas y mentales del comienzo que casi sentía de forma continua fueron pasando, y necesitaba menos esfuerzo para mantener mi cuerpo y mi mente más relajados. A partir de esos días no abandonaría nunca esta práctica destinada a mejorar mi vida en todos los aspectos, aunque tengo que reconocer que por aquel entonces me era difícil mantener una práctica continuada debido a lo complicado de mi trabajo, a mi pereza y mi mente indisciplinada.

Hoy, después de casi treinta años, no puedo apreciar el valor de lo que me enseñaron los monjes zen en aquella cueva del Sacromonte y los años que siguieron sin emocionarme. Aquellos primeros maestros nos enseñaban desde una bondad y una generosidad increíbles a todos los que acudíamos a sus sesiones, y se esforzaron a lo largo de muchos años por mantener el espacio para meditar abierto al público sin apenas ingresos. En aquella época, la meditación no era algo tan popular como ahora, así que a los monjes les costaba mantener sus servicios. Pero allí seguían ellos, día tras día, mes tras mes y año tras año. Sin desfallecer.

Cuando empecé a meditar, antes de tomar la decisión de ordenarme monje, mi vida era pura agitación. Vivía a una velocidad vertiginosa; mi día a día estaba lleno de responsabilidades, preocupaciones, estrés y ansiedad. Encontrar la meditación fue como encontrar un oasis en pleno desierto, pero, en realidad, la auténtica revelación la descubriría después: ese oasis es uno mismo. La meditación te muestra que no existe un refugio más grande ni más precioso donde puedas descansar que tu propia esencia.

Aquellos monjes me enseñaron a mirar dentro de mí, el único lugar en el que nunca me había fijado. Ellos me dieron herramientas para enfrentarme a mí mismo y a la vida de una forma diferente, permaneciendo siempre en contacto con ella, sin separarme nunca de la realidad. No hay día que no recuerde con respeto, cariño y agradecimiento a aquellos primeros maestros; los tengo siempre presentes en cada una de mis meditaciones, sé que habitarán siempre en lo más profundo de mi corazón. Me dieron el regalo más valioso que puede recibir un ser humano: empezar a conocerse a sí mismo, a los demás y al mundo en todos sus aspectos.

En tibetano, la palabra que se usa para la meditación es *gom*, que quiere decir «cultivar», «familiarizarse» o «habituarse». La meditación significa familiarizarnos con emociones y actitudes valiosas, constructivas, objetivas y beneficiosas, para crear hábitos saludables para la mente, transformar nuestros pensamientos y conceptos erróneos y hacerlos más claros y compasivos. Un verdadero meditador es alguien que asume la responsabilidad total de su crecimiento y desarrollo espiritual. Es curioso observar que *budista*, en tibetano, se dice *nangpa*, que significa «persona interior». Por tanto, un budista es una persona que no busca la verdad fuera, sino dentro de la naturaleza de su mente. Todo el conocimiento que me enseñaron los lamas y que cada día trato de poner en práctica se dirige hacia este único objetivo: llegar a percibir la naturaleza de la mente, y de este modo liberarme, por ejemplo, del miedo a morir, y comprender la verdad de nuestra existencia.

LAS FALSAS CREENCIAS SOBRE LA MEDITACIÓN

Meditar no es sentarse en un rincón frente a una vela y una barrita de incienso con los ojos cerrados en silencio; ni tampoco es una actividad más de las muchas que tenemos a lo largo del día y que realizamos de forma cotidiana mientras cumplimos con los horarios y las rutinas. Aunque sea conveniente practicarla de manera constante, meditar no es una tarea más que apuntar en tu agenda semanal. Muchas personas se sienten muy atraídas por esta práctica, pero, sin embargo, solo unas cuantas comprenden realmente qué es la meditación y para qué sirve.

Una de las falsas creencias acerca de la meditación es que hay que interrumpir todos los pensamientos hasta lograr que nuestra mente esté en blanco. Esto, además de imposible, sería estar ausente. Todos hemos intentado relajarnos manteniendo la mente en blanco, tratando de poner fin a cualquier pensamiento. Pero esto no nos ayudará en nuestra meditación. A la hora de meditar, la mente tiene que estar presente, alerta e involucrada. Para realizar esta actividad con garantías, no podemos sentirnos dormidos ni anestesiados. Hace años, un maestro de meditación zen les dijo a sus discípulos: «Este es el camino del despertar, ¡no del dormir!». Así que, si buscas meditar para evadirte de la realidad, olvídate. El fin es todo lo contrario. Al meditar nos enfrentamos directamente a nuestra realidad sin aislarnos de ella. Esta práctica nos hace profundizar en todos los aspectos de nuestra vida con el objetivo de aprender a manejarla de una forma positiva e ir más allá de nuestras condiciones limitantes.

¿Son sus beneficios inmediatos? Sé paciente. La meditación no es como un fármaco que nos va a curar instantáneamente. Por desgracia, en Occidente estamos muy acostumbrados a que se cumplan muy rápido nuestros deseos, sin reparar en la frustración que nos causa no lograrlo. Para poder experimentar todos los beneficios de la meditación es necesario aprender bien y practicarla con regularidad. No es posible tener éxito a menos que nos dediquemos con energía y entusiasmo a ello, por mucho que, desde el principio, comencemos a sentirnos mejor. La meditación requiere los conocimientos adecuados, tiempo, constancia y disciplina para que notemos cambios profundos.

Es lógico y natural el deseo de tener buenas experiencias durante la meditación. Pero mantener expectativas que no son muy realistas puede ser un obstáculo para nuestro progreso. Ten en cuenta que nuestra mente es muy compleja y siempre está cambiando. Un día puedes tener una meditación muy agradable y al día siguiente se puede ver agitada por un torrente de pensamientos y distracciones. Esto es algo normal y no debería preocuparte ni generarte frustración. Debes estar preparado para cualquier cosa y que no te inquiete nada, suceda lo que suceda. A veces, la experiencia más molesta es la más valiosa para que surja la claridad. A las personas que acuden a mis retiros siempre les digo: «En los campos de la primavera no hay nada que no pueda florecer, y en la mente de un meditador no hay nada que no pueda surgir».

Además, debemos estar satisfechos por haber tenido el coraje de sentarnos a meditar para transformar nuestras mentes. Jamás pierdas tu ánimo, todo llega a su debido momento. Las costumbres, nuestros automatismos y hábitos repetitivos construidos durante toda una vida no se corrigen con rapidez, sino con el desarrollo gradual de métodos nuevos y sanos. Por lo tanto, reconociendo tus capacidades y limitaciones, trátate con bondad y tómalo con serenidad y calma. No por ir más rápido seremos los primeros.

Por otro lado, lo bueno de este proceso es que mientras lo estás haciendo se van apaciguando poco a poco las emociones destructivas. Cuando vayamos integrando las meditaciones a nuestra vida, podremos comprobar cómo resolvemos más fácilmente, y con menos esfuerzo, los problemas que surgen durante el día. Esto es así porque, aunque la meditación que hagamos sea breve, puede producir una gran paz, y este es un resultado muy beneficioso por sí mismo. Sin esta paz, nuestra mente se llena de pensamientos contradictorios, que no nos dejan espacio para ser más conscientes de nuestros actos y desarrollar más sabiduría.

LOS GRANDES BENEFICIOS DE UNA MENTE EN CALMA

La meditación tiene múltiples beneficios para nuestro cuerpo y para nuestra mente. La ciencia ha demostrado lo eficaz que puede llegar a ser a la hora de tratar diversas enfermedades, ya que existe una fuerte conexión entre el estado de ánimo de los pacientes y su salud, entre nuestro cuerpo y nuestra mente. Son muchas las personas que logran enfrentarse a sus dolencias físicas y mentales gracias a la meditación, al integrarla en sus terapias y tratamientos. Por ejemplo, en Estados Unidos son frecuentes los programas de reducción del estrés basados en el *mindfulness* (MBSR, por sus siglas en inglés), cuyos participantes logran conectar profundamente con sus vidas. Practicar la atención plena o *mindfulness* significa estar presentes en lugar de evitar o negar las situaciones. Significa estar en contacto con el flujo de la vida en cada momento, de un modo ecuánime, mostrando bondad hacia nosotros mismos y hacia el mundo en general.

Pero más allá de los tratamientos terapéuticos, la meditación es la práctica que velará por nuestra salud mental, y está destinada a que la practiquemos sea cual sea nuestro momento vital, porque sus beneficios inciden en la misma esencia de nuestro ser. Hay etapas en las que disfrutamos de tranquilidad y de paz, pero la mayoría de las veces estas emociones son efímeras, desaparecen tan rápido como un abrir y cerrar de ojos, dando paso a otro tipo de sentimientos. A través de la meditación podemos hacer que estos estados de bienestar, de auténtica paz y felicidad, sean más duraderos, fiables e impregnen cada momento de nuestras vidas.

La meditación nos ayuda a desarrollar sentimientos de armonía y equilibrio como el amor bondadoso, la empatía, la generosidad y la paciencia. Cuando aprendemos a cultivar estas cualidades, y al mismo tiempo trabajamos para que nuestro egoísmo y las frustraciones que se derivan de él disminuyan, nuestra existencia será mejor y nuestra vida más plena. La meditación es la mejor herramienta para llegar a conocer cuál es la verdadera naturaleza de la mente, y así comprender por qué es posible producir todos estos cambios y liberarse del sufrimiento que nosotros mismos nos creamos.

El propósito fundamental de la meditación es el de transformar nuestra mente hasta llegar a reconocer y familiarizarnos con su verdadera naturaleza. Para ello emplearemos las distintas técnicas que nos llevarán a conectar con la paz profunda que surge de experimentar nuestra naturaleza esencial. Pero, de momento, nuestra mente anda enredada en muchas historias y preocupaciones y por tanto en un estado de completa distracción. Con la práctica de la calma mental desarrollaremos la atención y la concentración necesarias para hacer que nuestra mente sea más estable y clara, y de esta forma soltar esas historias y preocupaciones, al tiempo que se van apaciguando los estados mentales que te impiden ser feliz, como el apego ansioso, la aversión, la falta de energía, la agitación mental y la duda. Apaciguarlos es muy importante, porque cuando están activos resulta muy difícil desarrollar nuestra atención; aprender a debilitarlos favorece nuestro bienestar.

Cuando hablo sobre la meditación, siempre me gusta recordar la cita de Christof Koch, un destacado neurocientífico estadounidense que tiene muy claro uno de los grandes retos a los que nos enfrentamos los seres humanos: «Nada en nuestra visión materialista del mundo nos prepara para comprender y desarrollar las capacidades mentales. Este es un gran desafío y siempre lo ha sido». Al meditar desarrollamos las muchas cualidades innatas que poseemos, como la benevolencia, el amor, la compasión, el altruismo, la atención, la concentración y la sabiduría, y nos liberamos de lo que nos encadena al sufrimiento, al dolor y la insatisfacción. He podido experimentarlo no solo en mí, sino también en muchas personas que han participado en mis retiros. Con el tiempo han logrado moldear su mente.

La meditación es algo vivo y experiencial, es un proceso de transformación que nos pone en contacto con nuestra auténtica naturaleza, influyendo en todos y cada uno de los momentos de nuestras vidas. Piénsalo por un momento. Si la meditación afecta a nuestra mente, y es todo lo que sucede en nuestra mente lo que llevamos al mundo y compartimos con los demás, ¿cómo no va a ser la meditación un instrumento poderoso y lleno de esperanza? Lo que sucede en nuestra mente determina nuestras experiencias vitales y nuestra forma de relacionarnos.

Verás con mucha claridad cómo todas las emociones perturbadoras y todos los engaños de la mente no forman parte de tu espíritu, sino que provienen de la ignorancia. Al meditar podemos liberarnos y volvernos personas más tranquilas y tolerantes, menos atormentadas, menos orgullosas y más humildes. Seremos conscientes de cómo podemos mejorar nuestro carácter, abandonando las formas equivocadas de vivir, nuestros hábitos erróneos y nuestras formas automáticas y ciegas de reaccionar.

Estas son algunas de las cosas que lograrás gracias a la meditación:

- Obtendrás la tranquilidad y la claridad necesarias para observarte tal y como eres, sin distorsión ni engaños, y dar la bienvenida a tus luces y tus sombras sin miedo.
- Abandonarás la insatisfacción crónica en la que estás inmerso, y comprenderás cómo puedes sen-

tirte más satisfecho y contento al mejorar tu conocimiento con un poco de esfuerzo y reflexión.

- Tendrás control sobre tus emociones para dejar de ser su esclavo y convertirte en su dueño, y no dejarte llevar por ellas como una hoja seca arrastrada por el viento.
- Te desprenderás del sufrimiento inútil, porque verás la diferencia entre el dolor inevitable y el innecesario.
- Eliminarás la maleza y la oscuridad de la mente, y harás florecer en tu corazón un jardín lleno de luz y color, donde nacerán las dos flores más preciosas y curativas: la compasión y la sabiduría. Solo desarrollando un buen corazón llegaremos a ser verdaderamente mejores personas. Solo percibiendo la realidad de nuestra situación seremos capaces de mejorarla de una forma significativa.
- Transformarás tu espíritu y desarrollarás la oportunidad de profundizar en las causas reales de la felicidad y del sufrimiento, al ver cómo están directamente relacionadas con los objetos a los que prestas atención y lo que piensas e interpretas sobre ellos.
- Vivirás con menos estrés y ansiedad, al saber aceptar los vaivenes de la vida con una actitud diferente, sin perder el rumbo, aprendiendo a manejar tus reacciones.

¿QUÉ TIPO DE MEDITACIÓN ES MEJOR PARA TI?

Existen muchas formas de meditar. La mejor meditación para ti depende de aquello con lo que te quieras familiarizar o desarrollar; de si quieres estabilizar tu mente o contemplar y analizar un tema en profundidad. El objeto de la meditación puede ser la respiración, nuestro propio cuerpo, nuestra mente o un sonido. Hay muchas formas, y el hecho de que utilicemos una u otra dependerá de nuestras tendencias y nuestro carácter. No todas las técnicas son para todos: cada uno debe escoger la que sea más útil para sí mismo, para su vida. Y, si no hay ninguna meditación que sea de utilidad para ti, entonces lo mejor es dejarla y buscar otros métodos más afines con tu personalidad para aumentar tu fuerza interior como el compromiso de vivir sin perjudicar a los demás; de ayudarlos en lo que puedas o implicarte en prácticas como la ecuanimidad, el amor bondadoso, el altruismo y demás.

El budismo tibetano me proporcionó instrucciones detalladas que a lo largo de los años he podido practicar siguiendo los consejos de mis maestros. Estos maestros dicen que, en primer lugar, deberíamos alcanzar cierto grado de estabilidad y claridad mental. De esta forma, la meditación será más efectiva, porque una mente que se distrae fácilmente o se deja llevar por la inactividad no está preparada para implicarse en otro tipo de meditaciones.

Hay diferentes tipos de meditación, pero, en general, todas se engloban en dos grupos: la *meditación unipuntual o de emplazamiento,* también llamada *calma mental* o *Samatha,* que se utiliza para desarrollar la atención y la concentración; y la *meditación analítica o visión superior,* más popularmente conocida como *vipassana,* que está pensada para desarrollar el conocimiento y la comprensión. Con la meditación analítica, contemplamos el significado de una enseñanza espiritual que hayamos escuchado o leído. Esa contemplación nos llevará a una certeza definitiva o a generar un determinado estado mental.

Dentro de estas dos categorías se enseñan diferentes técnicas de meditación. Una de ellas es la meditación para estabilizar la mente, y se hace prestando atención a la respiración, observando las sensaciones que se producen cuando respiramos. Esta simple acción nos calma, liberándonos del ajetreo mental, y nos proporciona tranquilidad a diario, evitando que estemos tan centrados en nuestras preocupaciones y problemas. Gracias a ella, limitaremos la tensión o la ansiedad.

Hay también otros tipos de meditación que nos ayudan a enfrentar y conquistar estados mentales nocivos, como el enfado, los celos y el apego ansioso, mediante el desarrollo de actitudes saludables y objetivas hacia nosotros mismos y los demás, como las que comparto en el anexo «Meditaciones guiadas por Lobsang Zopa». También hay meditaciones analíticas que consisten en reflexionar sobre el valor que tienen nuestra vida humana, la transitoriedad, la muerte, nuestras acciones y sus resultados. Igualmente hay meditaciones para purificar y limpiar las impresiones y las huellas de las acciones negativas que hemos cometido y eliminar los sentimientos de culpa que tanto malestar nos causan.

En la tradición budista tibetana, nos adiestramos en diversos tipos de meditación porque cultivamos muchos aspectos distintos de nuestro carácter. Meditamos sobre la respiración para calmar la mente; sobre el amor bondadoso, para generar compasión y altruismo hacia los demás; y utilizamos meditaciones analíticas combinadas con la concentración y la sabiduría para comprender la naturaleza de los fenómenos. Todo dependerá de hasta dónde queramos desarrollarnos espiritualmente.

MEDITAR VISUALIZANDO IMÁGENES Y OTROS OBJETOS

Algunas técnicas utilizan la visualización de imágenes como objeto meditativo, como la Virgen, Cristo o Buda. Por ejemplo, las meditaciones de purificación se valen de las imágenes y destacan la luz que se irradia desde ellas hacia nosotros. Esta técnica utiliza nuestra imaginación en sentido positivo. Igualmente se puede hacer con la recitación de mantras, que aprovecha nuestra tendencia al ruido. Así, en vez de dejarnos arrastrar por los pensamientos sobre lo que nos gusta o no, recurrimos a esa voz interior para recitar mantras. Hacerlo nos ayuda a desarrollar la concentración y, al mismo tiempo, puede tener un efecto purificador sobre nuestra mente.

En realidad, hay muchos objetos en los que podemos centrar nuestra atención para estabilizar la mente. Algunas tradiciones no budistas sugieren mirar una flor o la llama de una vela para desarrollar la concentración. Esto nos puede aportar cierto beneficio temporal, pero no será muy efectivo. En la tradición en la que yo me eduqué no suelen recomendarlo, ya que la meditación es una actividad de nuestra conciencia mental, no de nuestra conciencia visual. Pero si queremos hacerlo así, yo recomiendo primero mirar la flor o la llama de la vela, y luego tomar como objeto de meditación la imagen mental de la flor o de la llama.

ADIESTRA TU MENTE PASO A PASO

Cuando adiestramos nuestra mente, aprendemos a usar, dirigir y mejorar una de las grandes cualidades que tenemos: nuestra atención, con el fin de tener más estabilidad y claridad mental y, por ende, mayor concentración. Para ello no necesitas creer en nada más que en tu propio potencial y disfrutar de ese momento, pacíficamente, sin expectativas ni ansiedad. Hay que hacerlo paso a paso para ir eliminando los dos obstáculos principales: las distracciones y el hundimiento mental.

Para empezar, deberás contar con las instrucciones de un maestro cualificado que te enseñe el método correcto para que no te frenen problemas ni obstáculos durante el proceso. La meditación es una herramienta para crear hábitos mentales saludables, cosa que haremos de forma gradual. Después, deberás contar con un espacio para aislarte de los muchos estímulos sensoriales externos, que te aporte las condiciones idóneas para dirigir, conscientemente, toda la atención hacia tu interior. En meditación, y sobre todo al principio, el silencio es importante. Luego, tendrás que prestar atención a la postura del cuerpo y, especialmente, a la actitud de tu mente.

Los primeros monjes zen con los que entré en contacto me mostraron la práctica del *zazen. Za* significa «sentarse», y *zen* se traduce como «meditación». De ahí que esta expresión sea el equivalente a «sentarse en meditación» Nunca permanecer sentado fue tan bueno para mí, ya que cada instante de meditación nos devuelve a la vida. Es cierto que la postura no es condición indispensable para meditar, pero una postura correcta favorece la estabilidad y la claridad mental. Porque ya sabemos que existe una relación muy estrecha entre el cuerpo y la mente, aunque son de distinta naturaleza, ambos están tan íntimamente relacionados como el agua y la humedad, o el fuego y el calor. A pesar de que la postura es importante, lo esencial será la actitud con la que afrontemos nuestra meditación.

El cojín de meditación nos ayudará a mantener el cuerpo en equilibrio. Nuestra espalda debe permanecer recta y no ha de caer ni hacia delante ni hacia atrás. Piensa que tu columna vertebral es como una flecha. Como me decían los maestros zen, imagina que estás empujando el cielo con tu coronilla y el suelo con tus rodillas, pero sin tensión. Hay que cuidar que el cuerpo no se incline hacia delante, ni hacia atrás, ni hacia los lados. Tras sentarnos y mantener la espalda recta, podemos adoptar la postura del loto —con las piernas cruzadas y cada pie ubicado encima del muslo opuesto— o la postura del medio loto —menos exigente, solo un pie estará encima del muslo contrario, y el otro flexionado tocando el cojín de meditación—. Si has practicado yoga, sabrás en qué consisten estas posturas.

Si te cuesta cruzar las piernas, puedes sentarte de rodillas sobre el cojín o sobre un banquito de meditación. Igualmente, las personas que tienen problemas de espalda pueden apoyarla en una pared para mantenerla erguida. Es más, podrías recostarte, aunque existe el peligro de que te duermas mientras meditas. No sería la primera vez que lo veo en los retiros que imparto. Eso sí, si no podemos sentarnos en ninguna de estas posturas debido a cualquier problema, podemos hacerlo sentados en una silla, con los pies bien apoyados en el suelo, manteniendo el equilibrio en esta postura. Lo importante es crear una base lo más estable posible y al mismo tiempo que también sea cómoda.

¿Qué hacemos con el resto del cuerpo?

- **Las manos.** Coloca la mano derecha sobre la izquierda, con las palmas hacia arriba (en la meditación zen, la mano izquierda sobre la derecha). Junta los pulgares de forma horizontal, de modo que no se hundan ni se eleven hacia arriba y coloca las manos cerca del ombligo.
- **Los hombros** deben mantenerse alineados.
- **Los brazos y el tronco.** Mantén los brazos un poco separados del tronco, dejando algo de espacio entre ellos para que el tórax esté abierto y tu respiración se produzca de forma natural y sin dificultad alguna.
- **La cabeza.** Hay que dejarla descansar uniformemente sobre el cuello, sin oprimir a este. Procura que no esté inclinada hacia ninguno de los lados, ni hacia atrás, como cuando levantamos

la barbilla, hay que dejar que la barbilla esté inclinada un poquito hacia abajo, como en forma de gancho hacia la garganta, sin presionarla.

- **La boca.** Debe reposar de modo natural, con los dientes y los labios ligeramente separados. La punta de la legua tocará ligeramente el paladar por detrás de los dientes superiores, dejando que descanse allí sin presionar, simplemente descansando con naturalidad.
- **Los ojos.** A los retiros vienen personas sin ninguna experiencia en meditación. Si es tu caso, no pasa nada si cierras los ojos porque te sientes más cómodo y experimentas un sentimiento de mayor tranquilidad y paz interior. Esto está bien solo en el inicio de tu aprendizaje, porque lo más conveniente es mantener los ojos un poco abiertos, sin esfuerzo, para que entre algo de luz. Esto potenciará tu claridad mental y te permitirá seguir alerta para favorecer la atención… ¡y no dormirte! Coloca la mirada hacia delante, fíjate en el suelo, en la dirección de tu nariz.

La posición física debe ser firme, pero aun así relajada: debes evitar toda tensión. La propia postura erguida ayuda a la mente a estar más clara y alerta; lo contrario, estar tumbado invita a dormir. También es importante contemplar la luz del lugar cuando vas a meditar. La luz eleva tu actitud mental y ayuda a eliminar la somnolencia o la laxitud mental, si ese fuera el caso.

Si tu mente tiende a la dispersión y la excitación puedes ponerte de cara a la pared (así es como se hace la meditación zen, de cara a la pared), ya que ayuda a evitar las distracciones. Si no es tu caso, no es necesario hacerlo así.

DESPEJA EL AIRE VICIADO CON LAS NUEVE RESPIRACIONES

Antes de empezar a meditar, debemos conseguir un cuerpo relajado y una respiración natural. De la misma forma que hemos de aislarnos del ruido externo, el ruido interno tampoco nos favorece. Si cuando nos sentamos estamos preocupados e inquietos por nuestros problemas, nuestro cuerpo experimentará también inquietud. Este es el motivo por el que cuando empiezo las meditaciones en grupo, siempre animo a que los asistentes relajen el cuerpo, suelten todas las tensiones y dejen ir sus inquietudes para lograr la armonía. Este paso es indispensable para abordar la meditación desde el equilibrio. No debemos olvidar que el cuerpo es el soporte físico de la mente.

El siguiente objetivo es lograr que nuestra respiración sea natural. Por eso es importante despejar el aire viciado. La energía vital (*prana,* en sánscrito) circula por los canales sutiles *(nadis)* del cuerpo, como un caballo sobre el que cabalga su jinete, la mente. Cuando nuestra energía está muy alterada, la mente no puede permanecer quieta y difícilmente podremos meditar. En cambio, si despejamos el aire viciado, los aires sutiles se calmarán y nos sentiremos menos agitados. Todo irá mejor.

Para despejar el aire viciado emplearemos una técnica llamada *las nueve rondas de la respiración.* ¿En qué consiste?

- Primero, tapamos el orificio nasal izquierdo e inhalamos por el derecho. Luego, tapamos el derecho y exhalamos por el izquierdo. Lo repetimos dos veces más.
- A continuación, tapamos el orificio nasal derecho e inhalamos por el izquierdo. Luego, tapamos el orificio nasal izquierdo y exhalamos por el derecho. Lo repetimos dos veces más.
- Por último, inhalamos y espiramos por las dos fosas nasales, exhalando el aire de forma suave pero profunda.

Recuerda que, aunque podemos meditar siempre que queramos, el mejor momento es la mañana. Recién levantados, la mente está más clara y la meditación nos ayudará a afrontar el día que tenemos por delante.

¿Durante cuánto tiempo debemos meditar? Esto dependerá de tu nivel. Al principio, hay que empezar por poco tiempo e ir avanzando. Como todo en la vida, siempre es mejor la calidad a la cantidad. Sobre todo, no descuides tu práctica, porque, tal y como dijo el gran maestro Thich Nhat Hanh, «la concentración es el fundamento de una vida feliz».

Finalmente, una última reflexión. Aprende a meditar porque en una mente ofuscada y agitada no puede haber claridad; si no logra la calma y el silencio, no podrá ir más allá de la superficialidad. Y sin paz interior no hay verdadera felicidad. Cuanto más controlemos nuestra mente, más disminuirán nuestros problemas. Ya vimos en capítulos anteriores que la insatisfacción y la infelicidad no existen fuera de la mente, sino que son emociones, y como tales forman parte de la mente.

El silencio interior llega cuando la mente está libre de todo conflicto, libre de ideas y creencias que nos condicionen. La meditación propiciará ese silencio y nos llevará a ese lugar donde existe la completa libertad. Meditar es una de las cosas más maravillosas a nuestro alcance y, además, nos acompañará el resto de nuestras vidas. Silencia tu mente, porque así la llenarás de paz y de una alegría indestructible.

Terminaré con una idea del siglo XIX defendida por uno de los grandes pioneros de la psicología, el también filósofo William James. Para él, la atención es la facultad mental por excelencia. James creía que nuestra capacidad para fijar nuestra atención dispersa, una y otra vez, es la verdadera raíz del juicio, del carácter y de la voluntad humanas. Pero él no pudo ir más allá de los buenos consejos. En cambio, nosotros sí podemos poner en práctica las instrucciones para alcanzar ese objetivo y alguno más, como te explico en las siguientes meditaciones guiadas.

MEDITACIONES GUIADAS PARA LA ATENCIÓN PLENA Y LA CALMA MENTAL

Te propongo que me acompañes en estas meditaciones para el desarrollo de la atención plena —fruto de la tradición budista Theravada— y de la calma mental —basadas en la tradición indotibetana—. Verás que es importante centrarse en la respiración, ser consciente de las sensaciones implicadas en este proceso, volviendo una y otra vez a atraer la atención hacia ellas cada vez que tu mente se disperse. También abordaremos las sensaciones que se van generando en nuestro cuerpo a medida que avanzamos en la meditación.

* En las siguientes meditaciones te indico la duración exacta de cada una de ellas para que puedas practicarlas y respetar los silencios.

Práctica de la atención para relajar el cuerpo, la palabra y la mente

---

21' 52"

Práctica de la atención centrada en la respiración abdominal

18' 31"

Práctica de la atención centrada en la respiración nasal

23' 38"

Práctica de la atención sobre las sensaciones del cuerpo

20' 41"

Práctica avanzada de meditación para el cultivo de la calma mental

---

40' 59"

MEDITACIONES ANALÍTICAS CENTRADAS EN LAS CUATRO JOYAS DEL CORAZÓN

Meditar nos libera de una mente incontrolada que impide la compasión hacia los demás, así que, aunque pueda parecerlo, no es una actividad egoísta. Comparto contigo cuatro meditaciones centradas en las cuatro joyas del corazón: la ecuanimidad, el amor bondadoso, la compasión y la alegría empática. Estas meditaciones te ayudarán a equilibrar las emociones y a abrir tu corazón.

Si aprendemos cómo trabajar hábilmente nuestras emociones, podremos evitar muchos de los obstáculos que pueden presentarse en la práctica de la calma mental. Poco a poco, mejorará nuestra aptitud para identificar nuestras emociones y las de los demás, así como para comprender cómo se desarrollan y regularlas. Estas cuatro aptitudes son el fundamento del dominio de uno mismo y de las buenas relaciones, y conforman la base del autoconocimiento, la moderación, la compasión, la cooperación y la capacidad de resolver conflictos.

Cuando meditas centrado en las cuatro joyas, tu sentimiento de conexión con los demás se verá reforzado, te ayudará a evitar hacerles daño y a prepararte para beneficiarlos en tu vida diaria. Su cultivo te será de una gran ayuda para equilibrar tus emociones, avivar el corazón e impedir que surjan obstáculos en el desarrollo de la atención y la concentración.

Meditación en la ecuanimidad

48' 44"

La ecuanimidad es el deseo de que todos los seres se liberen de la parcialidad, el apego ansioso y la aversión. Antes de comenzar, desarrolla la motivación para disolver las actitudes de discriminación y así poder relacionarte con otras personas sin las agitaciones del deseo ansioso, el rechazo y la indiferencia. De esta forma podrás cultivar una actitud más equilibrada ante los demás y ante la vida, lo cual será beneficioso para ti y para todos.

Meditación en el amor bondadoso

36' 58"

El amor bondadoso es el deseo de que todos los seres tengan la felicidad y las condiciones necesarias para mantenerla. Antes de empezar, desarrolla la motivación para disolver los obstáculos que te impiden abrir el corazón a la felicidad de los demás y generar una actitud amorosa hacia todos los seres.

Meditación en la compasión

47' 29"

La compasión es el deseo de que todos los seres se liberen del sufrimiento y de aquello que lo causa. Previamente, desarrolla la motivación para disolver los obstáculos que te impiden abrir el corazón al sufrimiento de los demás y poder generar una actitud compasiva hacia todos los seres.

Meditación en la alegría

41' 57"

La alegría es el deseo de que ningún ser se vea separado de la felicidad verdadera. Antes de empezar, desarrolla la motivación para disolver los obstáculos que te impiden abrir el corazón a la felicidad de los demás y generar alegría por la felicidad de los otros.

Sentarse en un rincón de casa, cerrar los ojos y mantenerse en silencio durante unos minutos no es meditar. Esta práctica es algo mucho más profundo que nos conecta con nuestra verdadera naturaleza.

Meditar no es solo una técnica de relajación que nos ayudará a liberarnos de las tensiones, aunque la relajación sea clave para practicarla. El verdadero sentido de la meditación es ayudarnos a transformar nuestra mente.

Conforme avanzamos en la vida, nos encontramos con muchos problemas, además de responsabilidades. Nuestro adiestramiento mental hará que encontremos la paz y la calma.

Si no investigamos nuestra mente con plena atención y sabiduría, nunca veremos lo que nos impide ser realmente felices. Este es el verdadero valor de la meditación.

La meditación marca el camino de la paz y de la alegría, el camino para comprender el dolor, para aceptar lo que no podemos cambiar, para saber quiénes somos, para comprender y conocer también a los demás y el mundo que compartimos.

CAPÍTULO 9

CONSEJOS PARA UNA VIDA PLENA

SIEMPRE MIRÉ AL MUNDO y a las criaturas que lo habitan con cariño y admiración. En mi pequeño pueblo natal me pasaba mucho tiempo contemplando la belleza de la naturaleza que me rodeaba por todas partes y, a pesar de mi corta edad entonces, aún soy capaz de revivir aquellos momentos de serena felicidad y paz que experimentaba.

Fuese la estación que fuese, todo era mágico. La primavera era una explosión de colores, formas y olores, parecía que la naturaleza había estado jugando al escondite y de pronto sus cambios aparecían como por arte de magia. En el verano buscábamos el frescor de los árboles y las aguas puras y cristalinas del río que llegaban del deshielo de las montañas. En otoño, las hojas de los árboles cubrían el suelo y lo adornaban con colores increíbles. Con el invierno venía el frío, el olor de la leña, el humo de las chimeneas, y los copos de nieve lentamente lo pintaban todo de blanco. Me quedaba embelesado con la soledad del árbol que había frente a mi casa y el ir y venir de los pájaros en busca de refugio o algo de alimento. Dentro de mí solo había silencio y alegría. No volví a sentir algo así hasta mi primera noche en el monasterio.

Creo que siempre he buscado, incluso de forma inconsciente, esa parte de mí que quedó tapada, esperando ser descubierta para volver a mirar el mundo con los ojos y el corazón de aquellos días. Como aquel niño fascinado. Pienso que esto nos pasa a todos, pero que poco a poco el mundo se encarga de ir ocultando nuestra verdadera esencia, dejándola en el olvido. Nuestra mirada se extravió fuera y, solo a veces, en ocasiones muy especiales podemos vislumbrar nuestra esencia al experimentar felicidad genuina. Este estado de paz está a nuestro alcance porque, en realidad, está dentro de nosotros. Con los años, y a base de conocimientos, conseguí reencontrarlo, y espero y deseo haber contribuido, también, a despertar esa mezcla de calma e ilusión que también reside en ti.

A estas alturas podría decirte que todo este libro es una guía vital. Sería una bonita metáfora para finalizar. Sin embargo, creo necesario reunir las principales ideas que contiene *Silencia tu mente, enciende tu corazón* en diversas recomendaciones. Quiero, sobre todo, ayudarte a que reflexiones e incorpores muchas de ellas a tu vida, ya que estoy convencido de que podrán cimentar tu transformación personal. Al fin y al cabo, estamos para eso, ¿no crees?

MIRA TU INTERIOR SIN CENSURA: ESE ES EL PUNTO DE PARTIDA

Sé que lo he dicho varias veces, pero esa mirada hacia nuestro interior es lo que pondrá en marcha nuestra transformación personal. Yo pude experimentarlo cuando sentí esa especie de llamada interior gracias a mis primeros maestros y a las lecturas de distintas materias, que con tanto interés devoraba. Luego, residir en Nalanda me abrió la mente hasta niveles que habrían sido inalcanzables por mi cuenta. Me gustaría que después de haberte hablado sobre la felicidad verdadera, aquella que brota de tu interior, mires hacia dentro. Ya sabes que no son los placeres de los sentidos ni los del mundo exterior los que te darán esa felicidad. Tratar de colmar todos tus deseos nunca hará que te sientas completamente feliz. Sé valiente y busca ese bienestar en su raíz, tu mente. Mirar en tu interior hará que te conozcas mejor, que te conozcas de verdad, ¡lo mejor de ti aún no lo conoces!, y que, finalmente, puedas brotar desde la autenticidad.

PIENSA BIEN PARA ACERTAR... Y SENTIRTE MEJOR

Lo que decidimos hacer y pensar influye directamente en nuestro estado de ánimo. Muchas veces nos vamos a dormir pensando en lo que nos espera al día siguiente. A mí me pasaba antes de ser monje, e incluso ahora, cuando tengo que solucionar algún problema o sé que tendré que pasar por un mal trago. Hay momentos en los que vivimos agobiados, sé de lo que hablo. En ningún caso te sugiero que abandones o eludas tus responsabilidades. Todos las tenemos, en menor o mayor medida, y debemos asumirlas, pero ¿y si cambias la forma de mirarlas? Tienes la opción de irte a dormir preocupado por todo lo que vendrá o decirte a ti mismo que tienes en tu mano el poder para experimentar lo que te espera de otro modo.

Recuerda que hay cosas que escapan a nuestro control y que hay cambios externos que no podemos evitar, pero ¿qué hay de aquellos cambios que sí podemos afrontar adoptando otra actitud frente al mundo? Cuando siento que las aflicciones mentales comienzan a ocupar demasiado espacio dentro de mí, hasta el punto de condicionar mi visión de la realidad, trato de ponerles freno a los pensamientos negativos. Debemos recuperar el control —eso sí podemos hacerlo— de lo que nos decimos. Ahora, que llegamos al final del libro, espero que hayas podido integrar la meditación como un recurso eficaz para darle un respiro a tu mente y saber cuál es el mejor camino para lograr tus objetivos.

SÉ VALIENTE: HAZTE PREGUNTAS Y LLENA TU VIDA DE PROPÓSITOS

Siempre vale la pena revisar cómo actuamos, qué hemos hecho hasta ahora y de qué manera nos relacionamos con los demás. ¿Cuál ha sido la trayectoria que has emprendido hasta el momento? Puede que escapes a esta pregunta porque no te guste tu presente. Porque, a lo mejor, tuviste muchas ilusiones que no se han visto cumplidas. Puede que no haya dependido de ti y que las circunstancias te hayan llevado a experimentar lo indeseado. Sí, hay preguntas incómodas, pero muy necesarias, si queremos llenar nuestra vida de sentido.

Deja que te diga algo que siempre se cumple en cada uno de nosotros. Nunca harás el camino en línea recta, siempre habrá bifurcaciones y podrás decidir qué sendero tomar. Si fuese tan fácil, lograríamos lo que queremos sin que nada nos lo impidiese. Pero vivir también vale la pena desde la superación de las dificultades: serán muchas las experiencias que nos harán crecer, también las peores. En general, debemos reconocer la belleza de nuestra travesía. En mi caso, mi vida se torció más de una vez, pero creo que fui capaz de enderezarla de nuevo. Incluso tomando caminos que jamás habría imaginado y que, con el tiempo, me han llenado de satisfacción.

Llené mi viaje vital de propósitos, más o menos equivocados, más o menos satisfactorios, hasta trabajar para el mayor de mis logros: mi transformación personal. Todos debemos alimentar nuestra existencia de retos. Puedes empezar dando pequeños pasos que te harán completar un camino maravillosamente rico, ponte un objetivo y trata de enfocarte en él. Si me permites otro consejo: no medites únicamente para encontrar la calma. Medita, desde la paz, para hallar el propósito que te haga levantarte a diario con el mejor de los ánimos. Ciertamente, tu propósito en la vida es dar con él y poner tu mente y tu corazón para hallarlo y cumplirlo.

¿VAS A CONTAR TU HISTORIA DOLOROSA? ENFÓCALA DESDE LA SANACIÓN

Tenemos muchas formas de actuar, no solo con acciones, sino también con la palabra. A veces, compartimos con nuestros seres queridos o con otras personas nuestras desgracias pasadas desde el lamento. No pretendo, ni mucho menos, que no hables sobre el dolor ni que lo ocultes. Desahogarse y recibir el afecto y la comprensión de los demás resulta básico para superar el dolor. No hay nada más humano que ser tratado con amor.

Necesitamos sentirnos reconfortados. Pero en ocasiones vivimos nuestra realidad presente anclados en el pasado. Sabemos que esa época no volverá, pero la revisitamos constantemente. A veces lo hacemos desde la melancolía, pero muchas otras no paramos de darles vueltas a aquellos sucesos que tantas aflicciones nos generaron sin sacar de ellos ningún aprendizaje. Hablar de ello desde la sanación siempre será más satisfactorio que hacerlo desde el dolor.

Debemos utilizar el pasado con el objetivo de mejorar. Somos capaces de aprovechar todo lo que hemos vivido como fuente de sabiduría. Sabemos que no se puede volver atrás en el tiempo. «Solo existen dos días en el año en los que no se puede hacer nada. Uno se llama *ayer* y otro *mañana*. Por lo tanto hoy es el día ideal para amar, crecer, hacer y especialmente vivir», nos dice su santidad el Dalái Lama.

Por tanto, ¿por qué seguimos ahí una y otra vez? Los errores cometidos entonces tampoco nos definen hoy. ¿Acaso volverías a hacer lo mismo que hiciste después de entender o comprobar que no fue lo más adecuado? No, ¿verdad? Tú ya no eres la misma persona que se equivocó, porque también formas parte del cambio constante. Es más, aquellos episodios, aunque te marcasen, pueden superarse poco a poco con la ayuda y los métodos adecuados. Hoy hay grandes profesionales para ello. No digo que no cueste, pero tendrás que pensar en ello para crecer y que no sea otra fuente de sufrimiento interno.

PRESTA ATENCIÓN PLENA A LOS TESOROS QUE HAY A TU ALREDEDOR

A veces ocupamos todo el día con cosas que, en realidad, nos apartan de lo verdaderamente importante. Siempre hay momentos de ocio que pueden venirnos bien para liberarnos del estrés. Pero, en general, la sociedad occidental está sumida en el estrés. Es como si la ansiedad gobernase nuestros comportamientos, haciéndonos actuar de forma mecánica sin ser conscientes de los pasos que damos. Lo digo poniéndome como ejemplo. Recuerda que yo, antes de ser monje, sabía qué era el estrés. No paraba de hacer cosas. Así creía que me sentía más vivo, que lo que debía hacer era cumplir una tarea tras otra hasta que ya no había horas suficientes en el día. Y lo peor de todo es que tampoco me sentía satisfecho. ¡Qué pérdida de tiempo y de energía! ¿Es esta la existencia que quieres llevar? ¿Te compensa? A mí no, te lo aseguro.

Te propongo que prestes atención a las maravillas de la vida, tal y como me pasa y pasaba a mí, que de niño me encantaba observar cómo cambiaba el paisaje con las estaciones. Puedes empezar prestando más atención a las cosas sencillas de la vida, como la naturaleza —fíjate en las nubes pasajeras, el cielo abierto o el sonido de la lluvia—. Deja que la simplicidad de la que eres parte te aporte serenidad. Hay muchos tesoros a tu alcance que te conectarán con tu esencia. Si entrenas tu atención plena, aprenderás a apreciar el mundo que te rodea y más adelante podrás aplicarla para observar tu mundo interior. Desde ahí podrás ver lo que piensas para actuar detenidamente, sin compulsión, y tomar decisiones desde la calma.

TRATA DE EVITAR LAS FALSAS CREENCIAS SOBRE TI, SOBRE LOS DEMÁS Y SOBRE EL MUNDO

Tendemos a pensar mal sobre nosotros mismos. Dime la cantidad de veces que, dominado por las aflicciones mentales, has insistido en una versión equivocada de ti. Hay quien, desde la arrogancia, se considera perfecto. Pero también hay quien, desde la falta de autoestima, cree que no vale para nada. Otros piensan que si no son perfectos nadie los va a querer. Sé que son pensamientos extremos, pero creo que casi todos, debido a distintos motivos, hemos tenido alguna falsa creencia sobre nosotros mismos. El gran problema no es solo tener esa idea equivocada sobre nuestra verdadera naturaleza, sino que esta creencia determinará nuestras acciones. Esta ignorancia hará que actuemos de manera errónea y que esto tenga nuevas consecuencias en nuestra vida y en la de los demás. Por ejemplo, aquellas personas arrogantes no dudarán en ponerse por encima de los demás, menospreciándolos y restándoles valor sin escucharlos. Si alguien persigue la perfección, jamás se sentirá satisfecho y creerá que nada de lo que sea o de lo que haga será suficiente. Aquel que se sienta inferior, tratará siempre de pasar desapercibido por miedo a lo que opinen los demás, se esconderá castigándose a sí mismo. Tenemos tendencia a identificarnos con la peor versión de nosotros, pero he de decirte que somos mucho más que eso. Somos capaces de albergar las actitudes más positivas que podamos imaginar y de cultivarlas. Detectarlas será el comienzo para cambiar.

Además, las falsas creencias también afectan a lo que pensemos u opinemos sobre otras personas. Recuerda que, si tú eres un ser de luz, los demás seres humanos también lo son. Tenemos sombras y oscuridad, pero estas jamás deben dominar nuestra verdadera esencia, que es pura y luminosa. Por tanto, estas falsas creencias, que tienen su origen en pensamientos negativos o imágenes distorsionadas sobre los demás, son una fuente de sufrimiento que debemos tratar. No se trata de acallar nuestra mente, pero sí de ser conscientes de que estas creencias pueden desaparecer y que de ningún modo definen nuestra forma de ser ni al resto de los seres. Integra este mensaje: trátate como tratas a la persona que más quieres.

SI HAS DE ELEGIR, ESCOGE SIEMPRE LA PACIENCIA

Hay diversas actitudes que podemos cultivar para tener una vida con sentido. En este libro he enumerado y comentado hasta dieciséis, transmitidas por los grandes maestros del budismo tibetano. Es nuestra responsabilidad enfocarnos en estas actitudes a diario. Pero si tuviese que elegir una, solo una, escogería la paciencia porque esta no solo nos brindará grandes experiencias, sino que establece la base para el desarrollo de muchas más. La paciencia es imprescindible para que podamos realizar nuestra búsqueda interior y para que veamos cómo la transformación en la que estemos inmersos dará sus frutos. Si no somos pacientes nos resultará mucho más difícil conocernos y que no perdamos el ánimo ante cualquier dificultad. Esa mirada interior debemos trabajarla de forma constante, desde la serenidad, sabiendo que, tarde o temprano, encontraremos las respuestas que nos harán crecer y adoptar otra postura más satisfactoria. También hará que asumamos la lección de que las cosas no siempre salen como hemos planeado. Es más, la paciencia hará que aflicciones como el enfado y la frustración pierdan fuerza, ya que responderemos a ellas con mayor tolerancia, sabiendo que terminarán pasando. Relacionarnos con los demás desde la paciencia hará que los conflictos no estallen a la primera y nos causen un sufrimiento que podemos evitar.

ERES UNA OBRA EN PROCESO, NO TE JUZGUES CON TANTA DUREZA

Todos cometemos errores, nos sentimos culpables alguna vez o avergonzados por lo que hemos dicho o hecho (o por lo que nos ha quedado pendiente decir o hacer). También, a veces, hacemos daño a los demás. Darse cuenta de ello ayuda a que puedas cambiarlo. De hecho, ya sabes que el cambio es una de las leyes del budismo, ¿verdad? Sé compasivo contigo. No te machaques si lo haces mal: la próxima vez podrás hacerlo mejor. No te culpabilices si cometiste errores. Somos humanos, con nuestras virtudes y debilidades. Pero, gracias a nuestra naturaleza esencial, tenemos la capacidad de adoptar cambios que nos harán brillar y tomar nuevos caminos.

Los resultados no serán inmediatos, pero jamás se producirán si no comienzas a abordarlos. Debes entender que eres una obra en proceso y que será más conveniente que rebajes ese nivel de autoexigencia que te has marcado. Sé bondadoso contigo y desarrolla una mayor autoaceptación. Esto no significa que debas relajarte y no adoptar medidas que estén dentro de tus posibilidades. Es importante que actúes de acuerdo a tus valores, sabiendo que tu transformación es un proceso en curso. Ni siquiera yo, que he tenido la oportunidad de acceder a grandes conocimientos y dedicarme a nutrir mi interior, soy una obra acabada. La realidad nos pone, constantemente, en situaciones sobre las que deberemos responder. De eso se trata vivir. Podemos crecer interiormente hasta el final de nuestros días.

PRACTICA LAS BUENAS ACCIONES EN TODO MOMENTO

Recuerda que todo está conectado. Nuestras acciones afectarán a nuestro mundo de forma directa o indirecta. Incluso los gestos más pequeños tendrán consecuencias en nosotros y en los demás. Conocer la ley del karma es saber que existe una red de interdependencia entre todas las cosas. La realidad es una amplia red tejida por todo el mundo. Es importante que, además de ser consciente de la fuerza que tienen nuestros actos, sepamos que en la vida todo nos vuelve de alguna manera u otra. Si eres de los que piensan que hay individuos que no experimentan el resultado de sus malas intenciones y acciones, a pesar de su egoísmo y la poca empatía, estás equivocado. Hagamos lo que hagamos, acumulamos karma. Los buenos actos sembrarán bienestar porque es nuestra propia bondad la que nos hará sentir en paz. Esto no quita que a veces tengamos que experimentar situaciones desafiantes —ya sabes que hay aspectos de la realidad que no podemos controlar—, pero sí podremos reaccionar a ellas con la mejor de nuestras actitudes. Haz todo lo posible para cultivar acciones positivas siempre que tengas ocasión: esa es la forma de crear tu propio futuro.

HAZ QUE LA MEDITACIÓN SEA MUCHO MÁS QUE UNA RUTINA

Meditar no es una tarea más como ir al gimnasio tres veces por semana. Si bien la disciplina de la práctica meditativa es necesaria para avanzar, no debemos caer en convertirla en una rutina más que hacemos sin consciencia. La meditación es una herramienta muy poderosa para adiestrar y desarrollar aquellas cualidades innatas de nuestra mente. Creo firmemente en que meditar nos hace mejores personas. En el capítulo «Silencia tu mente», te explico con detalle en qué consiste esta práctica, mi experiencia con ella y cómo puedes incluirla en tu cotidianidad. Al principio, medita unos minutos al día. Conforme te vayas sintiendo cómodo con esta actividad, ve incrementando la duración de las sesiones. Cuando logres calmar tu mente te sentirás mucho mejor. Tus reacciones ante las dificultades o los cambios indeseados serán distintas. Tendrás la capacidad de aprender sobre lo que te suceda y te conocerás muchísimo más. Tan solo quiero recordarte que con la meditación podrás aprender incluso de aquellas personas que tengan un carácter difícil. Te servirán de maestras.

FOMENTA EL ALTRUISMO Y ACTÚA PENSANDO TAMBIÉN EN LOS DEMÁS

¿Qué sería del mundo sin personas dispuestas a transformarlo, sin personas que dedican su vida a mejorar la de sus semejantes, centradas en el progreso de la humanidad y volcadas en hacer de la Tierra un planeta más apacible? Afortunadamente, podría escribir una larga lista de seres humanos conscientes y comprometidos que han conseguido cambiar el mundo. Sería maravilloso que sintieses el impulso de volcar tu mente y tu corazón en una causa. Si es tu caso, hay un sinfín de causas por las que luchar. Pero no todo el mundo siente esa llamada. Es frecuente sentirse desbordado por todos los problemas que afectan al mundo. Pero te diré algo: si actúas pensando en aquellas personas que te rodean, en beneficiar a tu círculo más cercano, cumplirás con toda la humanidad. De esta manera también tú puedes marcar la diferencia.

¿Cómo comenzar? Ponte en el lugar de los demás, trata de comprenderlos y ayudarlos en cuanto tengas ocasión. Analiza tu comportamiento hasta ahora e incluye la generosidad en cada uno de tus gestos. Por ejemplo, practica el civismo. Es positivo que las buenas obras formen parte de ti, saca a relucir esos detalles a la hora de relacionarte con los demás. ¿Sabías que cuanto más generosos somos, mayor satisfacción sentimos y más ganas tenemos de seguir siéndolo? Acompaña a quien necesite compañía. No hay mayor generosidad que ofrecer tu tiempo o tu cariño.

¿Piensas que porque no tienes suficiente dinero o estatus no puedes dedicarte a mejorar la vida de los otros? Lo material no debe condicionarte. No hace falta que seas rico para ser generoso con el resto de la sociedad. Te diré que hasta unos minutos de consuelo, de escucha activa y una sonrisa pueden resultar de gran ayuda. Piensa que la gente puede olvidarse de lo que dijiste o hiciste, pero pocas veces se olvida de cómo le hiciste sentir.

CUIDA TU CUERPO, TRÁTALO CON TANTO RESPETO COMO A TU MENTE

Tal vez te sorprenda este consejo. Llevo, desde la primera página, pidiéndote que fomentes tu interior y profundices en tu mente. Este libro es un viaje espiritual y transformador. Pero no quiero dejar pasar la importancia de cuidar tu cuerpo. La salud mental repercute también en nuestro bienestar físico. Pero no es suficiente. Debemos tratar nuestro cuerpo con respeto, alimentarnos de forma sana y equilibrada. El doctor David Servan-Schreiber en su libro *Curación emocional* aseguraba que «la nutrición tiene un profundo impacto en prácticamente todas las causas importantes de las enfermedades de las sociedades occidentales». No descubriré nada nuevo si te hablo sobre este asunto.

Mi cometido no es científico ni médico. Pero sí quiero que pienses que mientras en algunos lugares se sufre de desnutrición, aquí tenemos exceso de comida. Consumimos más de lo que deberíamos, desequilibrando los recursos del planeta. Cada decisión que tomamos al respecto también influye en nuestra salud. Por ello es importantísimo que comamos de forma consciente. ¿Recuerdas lo que has desayunado hoy? ¿Y lo que cenaste ayer? ¿Todo lo que has comprado es imprescindible? Debemos adoptar buenos hábitos alimenticios valorando la calidad, pero también la cantidad. Recuerdo que en el monasterio adoptábamos una alimentación muy respetuosa con la naturaleza, y reconozco que la dieta sería calificada como frugal por muchas personas (la de los retiros suele serlo). Con esto no quiero decir que, de vez en cuando, no te permitas un capricho debido a una ocasión especial.

Lo que te propongo es que trates tu cuerpo con respeto, que disfrutes de la buena comida con moderación para que puedas seguir disfrutando de ella más años. Y, por descontado, practica algún tipo de actividad física y descansa las horas convenidas, porque el sueño también nos recarga de energía. A mí siempre me ha encantado el deporte y nunca perdí el hábito de salir a correr, sobre todo si me permite estar en contacto con la naturaleza. Si no puedo, camino al menos un rato al comienzo o al final del día. Te puedo asegurar que, además de cuidar de mi salud, mi mente también se despeja y mejora mi estado de ánimo. Es más, me ayuda en la meditación y a la hora de tomar decisiones.

NO TE EMPEÑES EN CAMBIAR AQUELLO QUE ESCAPA A TU CONTROL

Hay innumerables circunstancias que no podemos controlar. Hay eventos que suceden y que se cruzan en nuestro camino, haciéndonos protagonistas sin que lo deseemos. Personas a las que ahora amamos puede que dejen de estar a nuestro lado. Los trabajos no se mantienen iguales para siempre, como tampoco las relaciones. Nosotros también podemos cambiar nuestra forma de pensar o de sentir, porque no somos siempre los mismos. Todo cambia y todos cambiamos, por tanto, debemos aceptar ciertas cosas, por mucho que no nos gusten. Insisto, no es conformismo. Lo pasaremos mal, seguro, pero ser reticentes a ciertos cambios incontrolables nos causará todavía más sufrimiento. Ya sabéis que hay un sufrimiento que podemos evitar y otro sobre el que podemos transitar de la mejor forma posible. Aceptando esa realidad y fluyendo con el cambio. Llevar una vida plena y gratificante nos costará esfuerzo, pero se puede alcanzar. Tras ponerlo todo en una balanza, la clave será que lo gratificante pese mucho más que la desesperanza, la insatisfacción o la infelicidad.

EL DÍA ES HOY: LO DE AYER YA PASÓ Y EL MAÑANA NO ESTÁ AQUÍ

Vive el momento presente, hazlo aprovechando cada instante, porque la vida es efímera. Nuestro cuerpo es una máquina que parece funcionar de forma perfecta hasta que, con el paso del tiempo, deja de hacerlo. Por tanto, sé consciente de lo que tienes y de que puedes perderlo, y enfócate en lo que puedes disfrutar ahora. La gran mayoría de nosotros tenemos cubiertas nuestras necesidades más básicas y estamos rodeados de familiares y amigos que nos quieren y aprecian. Pon todo esto en valor. No se trata de ser irresponsable, dejarlo todo en manos del destino, de mirarse únicamente el ombligo y de lanzarse a los placeres mundanos. Se trata de vivir con consciencia nuestros actos para cultivar ahora las causas de la felicidad de mañana.

Ya te dije antes que el pasado ya no está contigo. Debes vivir desde el presente, teniendo una dirección de futuro, sin aferrarte a un resultado determinado. ¿Has intentado alguna vez agarrar con las manos el agua que sale de un grifo abierto a toda presión? El agua, que no dejará de fluir, se te escurrirá sin que apenas puedas contenerla. Así es el tiempo, que vuela sin que podamos ponerle freno. El día a día hay que vivirlo acorde con nuestras aspiraciones, valores, y de forma consciente para dirigir nuestras vidas y lograr nuestros propósitos. El cambio que deseas realizar se puede hacer hoy mismo.

CUIDADO CON EL YO, QUE NO TE TRAICIONE TU EGOCENTRISMO

Por descontado que tú eres importante. Pero no más que los demás. Una cosa es que te pongas en valor, como ser humano que eres con sus aptitudes, cualidades y necesidades, y otra bien distinta que actúes siempre de forma egocéntrica. Algunas personas te dirán que la persona más relevante de tu vida eres tú. Es bien cierto que, si digo que te fijes en tu interior, le dedicarás mucho tiempo a la reflexión. En mi caso, todos los conocimientos que he ido adquiriendo me han ayudado a observarme a mí mismo. Pero esto no significa que el *yo* y lo *mío* dominen el resto.

El egocentrismo es uno de los grandes males de nuestra sociedad. Ese apego ansioso que tenemos nos produce a nosotros y produce a los demás mucho sufrimiento. Dejar de ser el centro de todo es un paso imprescindible. Todo no puede girar a tu alrededor. El mundo está formado por infinidad de seres. Si todos actuasen apegados a sí mismos, la sociedad no avanzaría. ¡Todo lo contrario! No quiero ni pensar en cuántos conflictos nos asolarían y la poca esperanza que habría en el mundo. Soltar ese lastre, el del egocentrismo, es tan necesario como liberador. Hazlo por ti y por el bien de todos.

VALORA EL SILENCIO Y CREA ESPACIOS DE CALMA

Estoy seguro de que tienes momentos del día más tranquilos. Hay personas que prefieren levantarse a las cinco de la mañana para meditar. Otras lo encuentran ideal bien entrada la noche. Cada uno debemos encontrar ese hueco diario para dedicarle un tiempo a la meditación. El silencio tiene un poder sanador extraordinario. Pero, cuando hablo de valorar el silencio, no me refiero únicamente al ruido que procede del exterior. ¿Cuántas veces no te habrás acostado dándoles vueltas y más vueltas a tus preocupaciones? ¿Y aquellos días en los que no puedes quitarte de la mente esos pensamientos negativos por un enfado o una discusión? ¿Y qué hay de ese monólogo interior, yendo de una idea a otra, que no te lleva a ninguna parte? Existe un ruido peor que el que viene del exterior.

Normalmente, ese ruido interno se debe a que no estamos viviendo el presente, tenemos la mente en bucle con pensamientos del pasado y del futuro. Estamos inmersos en nuestras preocupaciones y problemas —muchos de ellos infundados—. Meditar y alcanzar la calma mental nos ayudará a frenar ese diálogo interior que no soluciona nada. Pero también debes saber que por mucho que te esfuerces en la meditación, debes vivir con ética. Antes de ponerte a meditar, pregúntate: «¿Estoy haciendo las cosas bien?», «¿Me enfado a menudo conmigo y con los demás?», «¿Debería corregir algo en mi forma de actuar?». Todas estas preguntas tienen una respuesta correcta que conoces muy bien. Actuar y pensar de una forma negativa influirá, por descontado, en nuestros pensamientos, y con una mente tan agitada nos costará bastante enfocar nuestra atención para conseguir calmar la mente. Si no puedes ayudar a los demás, al menos no te impliques en nada que pueda dañarles.

SONRÍE Y SÉ AMABLE

Qué difícil es para algunas personas ser amables con los demás... Incluso consigo mismas. A lo largo de los años me he dado cuenta de lo importante que es la amabilidad en el trato con nuestros semejantes. Hay gestos que son altamente transformadores. Un saludo cordial, una mirada afectuosa y una sonrisa a tiempo nos libran, muchas veces, de futuros conflictos, o nos impulsan a relacionarnos superando barreras sociales o autoimpuestas. Hay sonrisas que son el origen de una profunda amistad, y otras, el comienzo para solucionar los problemas. No puedo daros este consejo sin inspirarme en las enseñanzas del maravilloso monje Thich Nhat Hanh. Para él, una sonrisa afirma nuestra determinación de vivir en paz y alegría y, cuando estamos mal, puede devolvernos la serenidad que habíamos perdido. Ya sabemos que la sonrisa casi siempre es contagiosa. Rara vez alguien responde con seriedad si vemos que se dibuja en el rostro del otro. «El origen de una sonrisa auténtica es una mente despierta», decía este maestro. Así que tienes muchas razones para sonreír. A mí me gusta hacerlo porque este gesto y ser amable van de la mano. Otra de las cosas que más me gustaron de Nalanda era el clima de amabilidad que existía en los maestros y los residentes. No me olvidaré nunca de la ayuda que me proporcionaron, tan desinteresada, y cómo algunos de ellos se prestaron a traducirme textos y otras enseñanzas. A pesar del esfuerzo, nunca perdían la sonrisa y el trato cordial.

VALORA LO BUENO DE LOS DEMÁS

Hay personas que solo buscan los defectos. Es como si tuvieran un detector incorporado en su mente. Son personas incapaces de ver el lado bueno de cualquier cosa. ¡Ni siquiera de las situaciones más positivas! Es como fijarse en esa mota de polvo que ha quedado en un rincón de la casa cuando te has dedicado una tarde entera a dejarla ordenada y limpia. Sí, puede haber una mota que se nos escape movida por nuestro afán de limpieza, pero… ¡es que la has dejado casi impecable! La perfección no existe en nada ni en nadie. Tampoco en nosotros, así que limita esos juicios de valor sobre los demás.

Piensa en las personas de tu entorno y valora lo bueno que te aportan, qué cualidades te encantaría tener y cómo aprender de ellas para que sean una fuente de sabiduría. Piensa que todo el mundo tiene cosas buenas y valorarlas nos hará salir de nuestro ensimismamiento. No cuesta nada decir cosas agradables a quien te acompaña en tu día a día (familiares, amigos, compañeros de trabajo, vecinos…) porque estoy convencido de que tienen cualidades que siempre pueden resaltarse, ¿no es así? Yo recuerdo muchas veces la bondad y la generosidad de mi madre, y siempre he tratado de integrarla en mí, tal y como ella nos enseñó a mis hermanos y a mí. Incluso cuando alguien no se comporta conmigo como es debido, quiero pensar en esas cosas buenas que la definen —porque todos las tenemos— para alejar de mí cualquier amago de enfado. En realidad, no debemos querer a las personas como nos gustaría que fuesen, sino como son. Al verlas de esa manera haremos que brillen sus virtudes y mejorarán nuestras relaciones personales.

CUESTIONA TUS MIEDOS

El miedo nos paraliza y está muy relacionado con las falsas creencias. Fíjate en este ejemplo. Algunos animales, ante la angustia y el nerviosismo que les causa el ruido de una tormenta, optan por huir y salen corriendo sin mirar atrás. Otros se bloquean, siendo incapaces de dar un paso, y los hay que prefieren esconderse. Pero los seres humanos sí podemos entender que la ruidosa tormenta es inofensiva mientras estemos a cubierto. Sin embargo, muchas veces actuamos como el perro que huye despavorido o el que no sale de debajo de la cama. ¿Tienen nuestros temores una base real o solo se basan en nuestros pensamientos? Todos debemos cuestionar nuestros miedos, porque, si no lo hacemos, terminaremos huyendo de nosotros mismos —arrastrando los temores allá donde vayamos— o la consecuencia de no reaccionar sería quedar paralizados. El miedo es limitante y, además de coartar nuestra libertad, frena nuestros sueños y deseos. En el camino de la transformación tendremos que poner todas nuestras inquietudes en entredicho. Sé que muchas de ellas son salvables. Si no lo hacemos, no seremos verdaderamente libres.

EL AMOR SUMA; EL APEGO ANSIOSO RESTA

No hay nadie que no quiera recibir afecto o que no espere ser correspondido, al menos alguna vez. En mis retiros me encuentro con muchas personas que arrastran con ellas relaciones muy complicadas, basadas en una visión del amor equivocada. Después de escuchar cientos de historias, me he dado cuenta de que hay quien siente más apego que afecto por el otro —aunque le haga mal— y que la relación no es, ni mucho menos, equilibrada. Las relaciones tóxicas son una cuestión muy seria, ya que hay personas que sufren lo indecible. Sin analizar situaciones extremas que no me corresponde, me gustaría transmitir este mensaje: el amor, además de altruista, paciente y generoso, nos suma hermosas experiencias y nos hace sentir más llenos.

No soy el consejero sentimental de nadie, pero creo que en cualquier tipo de relación debe haber una base de respeto. El amor es el deseo de que los demás sean felices. Este cariño que brindemos debe ser desinteresado. Debemos sentirnos alegres por el otro, sin que nuestras necesidades egoístas oscurezcan la relación. El amor verdadero —y no me refiero únicamente al romántico, sino a todos los tipos de amor— está siempre presente, reconoce la presencia del otro; significa estar ahí cuando la otra persona está sufriendo; asimismo, supone que uno sea capaz de pedir ayuda, apartando el orgullo, cuando lo pasa mal. Al igual que con tus miedos, parte de tu transformación te obligará, también, a cuestionar las relaciones con tus seres queridos.

ACÉPTATE CON TODAS TUS CICATRICES

Me gustaría acabar este capítulo ofreciéndote un consejo que te ayudará a afrontar esta transformación restándote un poco de ansiedad. No somos seres diseñados por nadie para ser perfectos. Casi todos nosotros tenemos alguna que otra cicatriz desde la infancia. Estas marcas nos demuestran que hemos vivido y, también, al cicatrizar, que hemos superado un problema. Las más evidentes son las visibles, aunque las más abundantes residen en nuestro interior. Todos acumulamos unas cuantas. No te empeñes en esconderlas, en negarlas o en quererte menos por tenerlas. Las cicatrices demuestran tu fuerza interna. Acéptate con todos tus logros, pero también con todos tus fracasos y, a partir de ahí, debes seguir creciendo.

¿O es que cuando te caes no te levantas para seguir adelante?

Este proceso de transformación personal que has iniciado junto a mí es solo el primer paso. Vas a tener que ponerte de pie muchas veces y caerte otras tantas. Pero debes confiar en tus capacidades, en la luz que conforma tu naturaleza esencial, porque el camino va a estar lleno de experiencias extraordinarias.

BIBLIOGRAFÍA

AJAHN SUMEDHO (2009): *Las cuatro nobles verdades,* Amaravati Publications, Hempstead.

BHANTE HENEPOLA GUNARATANA (2012): *El libro del mindfulness,* Kairós, Barcelona.

— (2013): *La meditación budista: el camino de la serenidad y la visión profunda,* Kairós, Barcelona.

— (2015): *Más allá del mindfulness: una guía introductoria a los estados más profundos de la meditación,* Kairós, Barcelona.

CALLE, RAMIRO A. (2015): *El gran libro de la meditación,* Martínez Roca, Barcelona.

CASTANEDA, CARLOS (2008): *La rueda del tiempo,* Gaia, Madrid.

CAYCEDO, ALFONSO (1977): *La india de los yoguis,* Andes Internacional, Barcelona.

Champa Shenpen (2017): *Meditaciones para un año,* Dharma, Alicante.

Chevassut, Daniel (2014): *Curación y meditación: reflexiones de un médico budista,* Dharma, Alicante.

Chodron, Thubten (2013): *Budismo para principiantes,* Alianza, Madrid.

Choedrak, Tenzin (1999): *El palacio del arcoíris: conversaciones con Gilles van Grasdorff,* Circe, Barcelona.

Dalái Lama (2001): *La meditación paso a paso,* Grijalbo, Madrid.

— (2004): *Adiestrar la mente,* Dharma, Alicante.

— (2008): *Conócete a ti mismo tal y como realmente eres,* Debolsillo, Madrid.

— (2009): *El tantra del yoga: caminos hacia logros mágicos,* Lumen, Barcelona.

— (2010): *En mis propias palabras,* Debolsillo, Madrid.

— (2010): *Los siete pasos hacia el amor,* Debolsillo, Madrid.

— (2010): *Sobre la felicidad, la vida y cómo vivirla,* Debolsillo, Madrid.

— (2013): *La mente despierta: cultivar la sabiduría en la vida cotidiana,* Kairós, Barcelona.

— (2016): *El universo en un solo átomo: cómo la unión entre ciencia y espiritualidad puede salvar el mundo,* Debolsillo, Madrid.

— (2016): *El ojo de la sabiduría,* Kairós, Barcelona.

— (2016): *El corazón de la meditación,* Martínez Roca, Barcelona.

Dalái Lama (2019): *El arte de vivir éticamente: la ética es más importante que la religión,* Paidós, Barcelona.

— (2021): *El mundo físico: ciencia y filosofía en los clásicos budistas indios,* Kailas, Madrid.

— y Chodron, Thubten (2002): *Samsara, nirvana y naturaleza de Buda,* Amara, Ciutadella.

— y Chodron, Thubten (2018): *Un acercamiento al sendero budista,* Amara, Ciutadella.

— y Chodron, Thubten (2019): *Fundamentos de la práctica budista,* Amara, Ciutadella.

— y Cutler, Howard C. (2003): *El arte de la felicidad,* Debolsillo, Madrid.

David-Néel, Alexandra (1991): *Inmortalidad y reencarnación,* Heptada, Madrid.

Deschene, Lori (2013): *El pequeño Buda: cuarenta formas para amarte sin límites y transformar tu vida,* Alamah, Madrid.

Dilgo Khyentse (2006): *El manantial de las realizaciones,* Imagina, San Sebastián.

— (2009): *El tesoro del corazón de los iluminados,* Imagina, San Sebastián.

Donner, Florinda (1997): *El sueño de la bruja,* Gaia, Madrid.

Evans-Wents, W. Y. (1994): *El libro tibetano de la gran liberación,* Kier, Buenos Aires.

Franz, Marie-Louise von (1992): *Sobre los sueños y la muerte,* Kairós, Barcelona.

Fromm, Erich (2007): *Del tener al ser,* Paidós, Barcelona.

GHESHE RABTEN (2020): *La mente: su naturaleza y sus funciones. Enseñanza de un maestro de meditación tibetano,* Amara, Ciutadella.

GHESHE TASHI TSERING (2007): *Estudio de la mente: psicología budista,* Amara, Ciutadella.

GUESHE JAMPEL SENGHE (1992): *Sueños, muerte y bardo,* Dharma, Alicante.

GUESHE MICHAEL ROACH (2003): *La magia de los maestros vacíos: un retiro en silencio,* Amara, Ciutadella.

GUESHE TAMDING GUIATSO (2016): *La experiencia de la muerte consciente,* Dharma, Alicante.

GOLDSTEIN, JOSEPH (2005): *La meditación vipásana: la práctica de la libertad,* Dharma, Alicante.

— (2012): *Mindfulness, una guía práctica para el despertar espiritual,* Sirio, Málaga.

— y KORNFIELD, JACK (1996): *Vipassana: el camino para la meditación interior,* Kairós, Barcelona.

GOLEMAN, DANIEL (2003): *Emociones destructivas: cómo entenderlas y superarlas. Diálogos entre el Dalái Lama y diversos científicos, psicólogos, monjes y filósofos,* Kairós, Barcelona.

— (2015): *La fuerza de la compasión: la enseñanza del Dalái Lama para nuestro mundo,* Kairós, Barcelona.

GORDI, ISIDRO (2018): *Mindfulness, compasión y vipasana: los tres senderos principales,* Amara, Ciutadella.

— (2018): *Samatha y Vipasana: mindfulness y mucho más,* Amara, Ciutadella.

Hart, William (2012): *El arte de vivir: meditación vipassana tal y como enseña S. N. Goenka,* Pariyatti Publishing, Onalaska.

Henepola Gunaratana Nayaka (2013): *El cultivo de la atención plena: la práctica de la meditación vipasana,* Pax, Ciudad de México.

Kabat-Zinn, Jon (2011): *La práctica de la atención plena,* Kairós, Barcelona.

— y Davidson, Richard J. (2013): *El poder curativo de la meditación: diálogos científicos con el Dalái Lama,* Kairós, Barcelona.

Kolts, Russell, y Chodron, Thubten (2017): *Vivir con el corazón: cómo cultivar compasión cada día,* Dharma, Alicante.

Kornfield, Jack (2012): *Meditación para principiantes,* Kairós, Barcelona.

Krishnamurti, Jiddu (1980): *Más allá de la violencia,* Edhasa, Barcelona.

— (1991): *La llama de la atención,* Edhasa, Barcelona.

— (2006): *Vivir de instante en instante,* Edaf, Madrid.

— (2008): *Libérese del pasado,* Gaia, Madrid.

— (2009): *La mente en meditación,* Kairós, Barcelona.

Krishnananda (2021): *De la codependencia a la libertad: cara a cara con el miedo,* Gaia, Madrid.

Lam Rim Chen Mo (2000): *El gran tratado de los estadios en el camino a la iluminación,* Dharma, Alicante.

Lama Kensur Jampa Tegchok (2016): *Una mirada al vacío: la plenitud del ser,* Amara, Ciutadella.

LAMA THUBTEN YESHE (2001): *Sé tu propio terapeuta: una introducción al pensamiento budista,* Dharma, Alicante.

— (2005): *Ego, apego y liberación: un curso de meditación en cinco días,* Dharma, Alicante.

LAMA ZOPA RINPOCHÉ (2009): *Curación definitiva: el poder de la compasión,* Dharma, Alicante.

— (2012): *Consejos esenciales para el momento de la muerte,* Mahayana, Alicante.

— (2018): *Transformar problemas en felicidad,* Dharma, Alicante.

— (2019): *Las cuatro nobles verdades: una guía para la vida cotidiana,* Kairós, Barcelona.

LEADBEATER, C. W. (2017): *Los chakras o los centros magnéticos vitales del ser humano,* Kier, Buenos Aires.

MAJJHIMA NIKAYA (1999): *Los sermones medios del Buddha,* Kairós, Barcelona.

MCDONALD, KATHELEEN (2004): *Aprendiendo de los lamas,* Dharma, Alicante.

NARANJO, CLAUDIO (2012): *Entre meditación y psicoterapia,* J. C. Sáez Editor, Santiago de Chile.

NICOLL, MAURICE (2013): *Comentarios psicológicos sobre las enseñanzas de Gurdjieff y Ouspensky,* Kier, Buenos Aires.

NYANAPONIKA THERA (2017): *El corazón de la meditación budista: en las fuentes y raíces del auténtico mindfulness,* ELA, Buenos Aires.

OUSPENSKY, P. D. (2003): *La consciencia, una búsqueda de la verdad,* Luis Cárcamo, Madrid.

OUSPENSKY, P. D. (2006): *Fragmentos de una enseñanza desconocida: en busca de lo milagroso,* RCR, Albacete.

— (2015): *El cuarto camino,* Kier, Buenos Aires.

RAYMOND, A. MOODY, JR. (2009): *Vida después de la vida,* Edaf, Madrid.

RICARD, MATTHIEU (2009): *El arte de la meditación,* Urano, Barcelona.

ROJAS MARCOS, LUIS (1996): *Las semillas de la violencia,* Espasa, Madrid.

— (2002): *La pareja rota: familia, crisis y superación,* Espasa, Madrid.

— (2016): *Nuestra incierta vida normal,* Debolsillo, Madrid.

SERVAN-SCHREIBER, DAVID (2010): *Curación emocional: acabar con el estrés, la ansiedad y la depresión sin fármacos ni psicoanálisis,* Debolsillo, Madrid.

SOGYAL RINPOCHÉ (2015): *El libro tibetano de la vida y de la muerte,* Urano, Barcelona.

SUZUKI, D. T., y FROMM, ERICH (1964): *Budismo zen y psicoanálisis,* Fondo de Cultura Económica de España, Madrid.

TALBOT, MICHAEL (2012): *Más allá de la teoría cuántica: las polémicas y audaces experiencias que desafían la teoría cuántica, desdibujando los límites entre física y metafísica,* Gedisa, Madrid.

TENZIN WANGYAL RINPOCHÉ (2016): *El yoga de los sueños: un manual práctico para realizarnos mientras dormimos,* PAX México, Ciudad de México.

Thibaut, Stéphane (1997): *Zen, la revolución interior: enseñanza del monje kosen,* Troquel, Buenos Aires.
Thich Nhat Hanh (2011): *Estás aquí: la magia del momento presente,* Kairós, Barcelona.
— (2013): *Felicidad: prácticas esenciales de plena consciencia,* Kairós, Barcelona.
— (2013): *Miedo,* Kairós, Barcelona.
— (2022): *Transformación y sanación,* Zenith, Barcelona.
Wallace, B. Alan (2000): *El poder de la meditación para alcanzar el equilibrio,* Oniro, Barcelona.
Wilber, Ken (2019): *La conciencia sin fronteras: aproximaciones de Oriente y Occidente al crecimiento personal,* Kairós, Barcelona.
Yongey Mingyur Rinpoché (2010): *La dicha de la sabiduría: Yongey Mingyur Rinpoché con Eric Swanson,* Rigden Institut Gestalt, Madrid.
— (2019): *Enamorado del mundo: el viaje de un monje a través de los bardos de la vida y de la muerte,* Rigden Institut Gestalt, Madrid.

AGRADECIMIENTOS

ESTE LIBRO ES COMO GOTAS DE AGUA del pequeño océano de mi vida, conformado en parte por aquellos que se acercaron a su orilla. Por ello, este libro es la obra de todas aquellas personas que han tocado mi alma con la suya.

A mis padres, que me dieron la vida y gracias a eso todo fue posible, les estaré eternamente agradecido. A todos los maestros, desde la escuela, profesores de instituto y universidad, así como a aquellos que finalmente terminaron de esculpirme para que encontrara lo mejor de mí y ponerlo al servicio de los demás.

Empezaré por el que me tomó de la mano en 2006 y todavía no me la ha soltado, el abad del monasterio de Nalanda y maestro residente del centro

Nagarjuna de Barcelona. Mi maestro raíz Geshe Lobsang Jamphel (Tíbet, 1961), doctor en Filosofía y Psicología budista por la universidad monástica del Sera Je, India.

A su santidad el Dalái Lama, que me dio la ordenación completa como monje en 2010 y del que he recibido extensas enseñanzas. Gracias también a Lama Zopa Rinpoché, director espiritual de la Fundación para la Preservación de la Tradición Mahayana (FPMT), red internacional de centros budistas de estudio y meditación dedicada a contribuir al bienestar, donde se ofrecen herramientas para cultivar nuestra humanidad y desarrollar plenamente nuestro potencial. Él me cuidó en su monasterio durante más de quince años.

Deseo expresar mi más profundo agradecimiento a todos los demás maestros, por su gran generosidad y bondad al darme profundas y extensas enseñanzas, que yo he utilizado y utilizaré en beneficio de todos.

Por ello, rindo homenaje a Lobsang Tenzin Rinpoché (Tíbet, 1934), Ganden Tripa, cabeza actual de la escuela Gelugpa; Kyabje Choden Rinpoché (Tíbet, 1930-2015), Lama Khensur Jampa Tegchok (1930-2014); Gueshe Lobsang Tsultrim (Tíbet, 1931-2020). Lama Lhundrup Rigsel, abad del monasterio de Kopan, Katmandú (Nepal). De él recibí consejos muy valiosos sobre tantra superior. Geshe Thubten Choden nació en la India y fue mi maestro de refugio; Geshe

Lobsang Gyaltsen, actual maestro residente en el monasterio de Nalanda. Geshe Lobsang Tengye (Tíbet 1927-2019), maestro residente del Instituto de Estudios Budistas Vajrayoguini en Francia. Geshe Tenzin Loden (India, 1961), actual maestro residente del Instituto Vajrayoguini en Francia. Lama Thubten (Tíbet), mi maestro de meditación que vive en las montañas cercanas a Katmandú (Nepal).

A todos mis hermanos y compañeros del monasterio, con los que compartí una de las experiencias más increíbles de mi vida. Si tuviese que ponerle nombre, sería «viaje a las profundidades del ser». Nunca los olvidaré.

A mis primeros maestros de meditación zen: a Barbara Kosen (Francia, 1951), quien actualmente dirige su *dojo zen* en Madrid. A José, Manu y a Julia, del Centro Zen de Granada. A mi querido hermano y compañero Ven Lobsang Thubten (Rafa Salamanca), que durante casi catorce años tuvo la inmensa paciencia de traducirme todas las enseñanzas del inglés al español. A mi querida Ana G. Cabello, que me ayudó con la revisión del texto y con el tibetano en las reuniones con Gueshe Jamphel, y a Anne, directora del centro de retiros de Oseling por su incondicional ayuda y apoyo en los meses que estuve en O Sel Ling escribiendo parte de este libro.

A mis hermanos Chon y Antonio, a los que quiero y me siento muy unido. A Carmen, una mujer maravillosa, la madre de mis dos hijos. A Manuel y Alejandro, mis dos tesoros. Dos hombres hechos a sí mismos, responsables y dueños de sus vidas, con unas cualidades humanas extraordinarias y de los que me siento inmensamente orgulloso.

Ahora le toca a la otra familia que generosamente me dio la vida. A Sylvie Ferron, una mujer increíble, creativa y eficaz, que me dio su amistad y me hizo ser parte de su familia, y a su compañero Manuel. A M. Jesús y Jaime, mi familia de Badalona. A Sofía y Pepe, mi familia de Cádiz. A mi hermano Ángel y su compañera Eva; a mis queridos José María Cueto y Fina. A mi muy querido Miguel Ángel Carrasco, cuya amistad dura ya más de treinta años. A mi amiga Inés, que desde que empecé a ir a Madrid me abrió las puertas de su casa. A mi hermano Antonio Correa Peinado y a Gabi, de Bolonia (Cádiz). Y, cómo no, a mi querida amiga la doctora Odile Fernández, a la que me une una relación muy especial. Fue la que encendió la llama para que este libro se haya escrito. Gracias por un prólogo tan maravilloso. Y gracias también a mi querido amigo Alberto Sánchez a quien recuperé después de muchísimo tiempo. Y, por supuesto, a mis muy queridos Miriam y Luis. A todos ellos mi cariño y más sincero agradecimiento por su inestimable amistad.

A mi querida editora, Ángeles Aguilera, por creer en mí e impulsar este proyecto, y a todo su equipo, especialmente a Laura Gamundí y a Carmen Fernández. Gracias a todas por vuestra confianza, paciencia e inapreciable apoyo. Sin vosotras, este proyecto no hubiese sido posible.

Y, por descontado, deseo agradecer a la Editorial Planeta su apuesta desde el primer momento.

Así como las olas, con su ir y venir, logran dar bellas formas a las rocas, del mismo modo me han influido todas las personas, y son muchas, que han pasado por mi vida. Todas ellas han contribuido a forjar mi carácter y los momentos de mi existencia. Os agradezco el poco o mucho tiempo que desde vuestro corazón me habéis dado. Yo siempre os llevaré en el mío.